铁路、桥隧、机车

交通百科编委会　编著

中国大百科全书出版社

图书在版编目（CIP）数据

铁路、桥隧、机车 / 交通百科编委会编著 . -- 北京 ：
中国大百科全书出版社，2025. 1. --（交通百科）.
ISBN 978-7-5202-1819-1

Ⅰ . U2-49

中国国家版本馆 CIP 数据核字第 2025CV0969 号

总 策 划：刘 杭 郭继艳
策划编辑：马 蕴
责任编辑：马 蕴
责任校对：梁嬿曦
责任印制：王亚青
出版发行：中国大百科全书出版社有限公司
地 址：北京市西城区阜成门北大街 17 号
邮政编码：100037
电 话：010-88390811
网 址：http://www.ecph.com.cn
印 刷：唐山富达印务有限公司
开 本：710mm×1000mm 1/16
印 张：10
字 数：100 千字
版 次：2025 年 1 月第 1 版
印 次：2025 年 1 月第 1 次印刷
书 号：ISBN 978-7-5202-1819-1
定 价：48.00 元

—— 总　序

这是一套面向大众、根植于《中国大百科全书》第三版（以下简称百科三版）的百科通俗读物。

百科全书是概要记述人类一切门类知识或某一门类知识的完备的工具书。它的主要作用是供人们随时查检需要的知识和事实资料，还具有扩大读者知识视野和帮助人们系统求知的教育作用，常被誉为"没有围墙的大学"。简而言之，它是回答问题的书，是扩展知识的书。

中国大百科全书出版社从 1978 年起，陆续编纂出版了《中国大百科全书》第一版、第二版和第三版。这是我国科学文化建设的一项重要基础性、标志性、创新性工程，是在百年未有之大变局和中华民族伟大复兴全局的大背景下，提升我国文化软实力、提高中华文化国际影响力的一项重要举措，具有重大的现实意义和深远的历史意义。

百科三版的编纂工作经国务院立项，得到国家各有关部门、全国科学文化研究机构、学术团体、高等院校的大力支持，专家、学者 5 万余人参与编纂，代表了各学科最高的专业水平。专家、作者和编辑人员殚精竭虑，按照习近平总书记的要求，努力将百科三版建设成有中国特色、有国际影响力的权威知识宝库。截至 2023 年底，百科三版通过网站（www.zgbk.com）发布了 50 余万个网络版条目，并陆续出版了一批纸质版学科卷百科全书，将中国的百科全书事业推向了一个新的高度。

重文修武，耕读传家，是我们中国人悠久的文化传承。作为出版人，我们以传播科学文化知识为己任，希望通过出版更多优秀的出版物来落实总书记的要求——推动文化繁荣、建设中华民族现代文明，努力建设中国式现代化强国。

为了更好地向大众普及科学文化知识，我们从《中国大百科全书》第三版中选取一些条目，通过"人居环境""科学通识""地球知识""工艺美术""动物百科""植物百科""渔猎文明""交通百科"等主题结集成册，精心策划了这套大众版图书。其中每一个主题包含不同数量的分册，不仅保持条目的科学性、知识性、准确性、严谨性，而且具备趣味性、可读性，语言风格和内容深度上更适合非专业读者，希望读者在领略丰富多彩的各领域知识之时，也能了解到书中展示的科学的知识体系。

衷心希望广大读者喜爱这套丛书，并敬请对书中不足之处给予批评指正！

《中国大百科全书》编辑部

—— "交通百科"丛书序

　　交通运输是人类社会的基本需求，是国民经济中基础性、先导性、战略性产业，是重要的服务性行业。铁路、公路、港口、航道、站场、邮政、民航、管道等公共设施以及各种交通运输载运工具，为人的流动和商品流通提供基本条件，是社会有效运转的基础。交通运输衔接生产和消费两端，保证了人类在政治、经济、文化、社会、军事等方面的交往和联系，在优化国家产业布局、促进经济结构调整、服务社会、改善民生、维护国防安全等方面，起到了重要的支撑和引领作用。

　　自中华人民共和国成立，中国交通运输经历了从"瓶颈制约"到"初步缓解"、从"基本适应"到"总体适应"的发展历程，快速缩小与世界一流水平的差距，在多个领域实现超越。中国已经建成全球最大的高速铁路网、高速公路网、世界级港口群，航空和海运通达全球。中国高铁、中国路、中国桥、中国港、中国快递成为靓丽的中国名片。规模巨大、内畅外联的综合交通运输体系有力服务和支撑着中国作为世界第二大经济体和世界第一大货物贸易国的运转。交通运输缩短了时空距离，加速了物资流通和人员流动，深刻改变了中国城乡面貌，有力促进了城乡一体化进程，不仅有力保障了国内国际循环畅通，也为世界经济发展做出了重要贡献。

　　为便于广大读者全面地了解各类交通运输知识，编委会依托《中国大百科全书》第三版交通运输工程学科各分支领域内容，精心策划了"交通百科"丛书。根据主要交通运输方式,编为《航空运输概览》《铁路、桥隧、机车》《公路运输总汇》《水路运输》《邮政》《中外著名港口》《管道运输和综合运输》《智能交通改变生活》等分册,图文并茂地介绍了各类交通运输方式的发展历史、现状和趋势。

希望通过《中国大百科全书》第三版大众版"交通百科"丛书的出版,帮助读者朋友广泛地了解更安全、更便捷、更高效、更绿色、更智能的交通运输系统。传播科学知识,弘扬科学精神,助力交通强国建设,带来更美好的生活!

交通百科丛书编委会

目　录

第 3 章　著名铁路　35

第 4 章　铁路桥梁　73

第 **7** 章　动车组　133

第 1 章

铁路种类

高速铁路

高速铁路是指列车以 200 千米 / 时及以上速度运行的铁路。

欧洲经济与社会委员会（European Economic and Social Committee;
EESC）于 1985 年 5 月对铁路最高运行速度下了定义：高速客运专线
是 300 千米 / 时，高速客货共线为 250 千米 / 时，既有线提速改造为
160 ～ 200 千米 / 时。国际铁路联盟（International Union of Railways;
UIC）高速部，在"速度 200 ～ 300 千米 / 时的新线设计科技发展动态
（第一部分）"（2001 年 10 月 25 日版本）资料中提出：新建高速铁
路的速度目标值是 300 千米 / 时。中国对高速铁路的定义是：新建设计
开行 250 千米 / 时（含预留）及以上动车组列车，初期运营速度不小于
200 千米 / 时的客运专线铁路。

◆ **起源与发展**

1964 年，日本建成世界上第一条客运高速铁路——东海道新干线
（东京—大阪），全长 515 千米，最小曲线半径 2500 米，最大坡度
20‰，最高运营速度 210 千米 / 时；1981 年 9 月，欧洲第一条高速铁路

法国巴黎东南线（巴黎—里昂）南段（圣弗洛朗坦—萨托内营）投入运用，全长 275 千米，最高运营速度 270 千米/时；1991 年，德国建成第一条高速铁路——汉诺威—维尔茨堡，全长 327 千米，最小曲线半径 7000 米，最大坡度 12.5‰，最高运营速度 280 千米/时。意大利、西班牙、比利时、韩国等国家也相继建成各具特色的高速铁路。至 20 世纪末，世界上形成了"日本新干线""法国 TGV""德国 ICE""欧洲可倾式车体"四大高速铁路模式。在试验技术上，2007 年 4 月，法国 TGV 在东线创造了高速列车最高试验速度 574.8 千米/时的纪录。

图 1　日本 500 系高速列车

据国际铁路联盟统计，截至 2022 年 9 月，世界高速铁路总营业里程为 58839 千米，在建高速铁路 19710 千米，规划建设高速铁路 19643 千米。

2002 年 12 月，中国建成秦皇

图 2　法国 TGV-2N 双层高速列车

图 3　德国 ICE3 高速列车

图 4　意大利 ETR500 高速列车

岛—沈阳客运专线，这是中国自行研究、设计、建造的第一条高速客运专线，设计速度为 200 千米 / 时，基础设施预留 250 千米 / 时提速条件，其中还建设了数十千米长度的试验段，为进行 300 千米 / 时

图 5　瑞典 X2000 可倾式列车

列车运行试验提供了条件。中国自主研制的"中华之星"电动车组，在秦沈客运专线上创造了当时"中国铁路第一速度"——321.5 千米 / 时。2008 年 8 月 1 日，中国第一条设计速度 350 千米 / 时的京津城际铁路开通运营，随后，京沪、京广等数十条高速铁路陆续建成通车，形成了中国高速铁路运输网。2010 年 12 月 3 日，CRH380AL 型动车组，在京沪高速铁路枣庄—蚌埠的试验段，创造了 486.1 千米 / 时的运营列车试验速度世界新纪录。2016 年 7 月 15 日，中国标准动车组在郑徐高速铁路创造了最高交会速度 420/420 千米 / 时的世界纪录。

图 6　京津城际铁路

截至 2022 年底，中国已投入运营的高速铁路总里程超过 4.2 万千米。

经过建设实践，中国已掌握了复杂路基处理、长大桥梁工程、大断面隧道工程、轨道工程、牵引供电、通信信号、客运枢纽等高速铁路建设技术和运营管理维

图 7　京沪高速铁路

修技术，形成了完善的
中国高速铁路技术体系。

◆ **技术优势**

高速铁路具有安全、
快捷、舒适、运输能力大、
能耗低、占地少、环保好、
与既有线兼容、社会经济
效益好等特点。高速铁路
技术是在广泛吸收与应用
了变流与控制技术、信息

**图 8　中国 CRH380AL 型运营列车在
京沪高速铁路线上试验**

图 9　郑徐高速铁路列车运行交会试验

技术、计算机技术、高强轻型材料技术、减阻降噪技术、高速受流技术
以及安全与自诊断等高新技术成果的基础上发展起来的多学科、多专业
的综合技术。其技术优势：①机车牵引动力装置采用"交－直－交"电
传动方式，新型变流技术及逆变器元件（IGBT 高压绝缘双极晶体管和
IPM 智能功率模块）使高速列车实现了大功率、重量轻、少维修、利于
轮轨黏着和能量再生。②复合材料及轻合金材料为列车轻量化、高速化
提供了条件，减少对线路的动力作用，降低了运营成本。③列车自动控
制和综合指挥调度系统是以信息技术为核心，融计算机技术、通信信号
技术于一体。④采用现代化维修管理技术。

◆ **特点**

高速运行的列车要求线路具有高平顺性、高稳定性、高精度、小残
变、少维修以及良好的环境保护等特点。高平顺性是设计、建设高速铁

路的控制性条件，也是高速铁路有别于中低速铁路的最主要特点。

高速铁路与普速铁路在路基和桥梁的设计与施工、轨道结构的全套技术标准和施工工艺方面不同：①普速铁路是以"强度"控制路基和桥梁的设计与施工，而高速铁路是以"变形"控制路基的设计与施工，以"刚度"和"整体性与耐久性"控制桥梁的设计与施工。②高速铁路不再使用普速铁路轨道结构的全套技术标准和施工工艺，从钢轨的材质到几何公差，从道砟的材质到各项标准，从道床的结构形式到施工工艺，从无缝线路的焊接到铺设以及大号码道岔的设计与运铺等，都以保证高平顺、高稳定的轨道结构为目标，采取多种多样适应高速要求的技术。

高速铁路要求线路的空间曲线平滑，也就是线路的平纵断面变化尽可能平缓；要求两铁路线间的距离足够宽、线路两侧全封闭，给高速列车提供一个宽大、独行的线路空间；要求建立严格的线路状态检测和保障轨道持久高平顺的科学管理系统；要求运营中实行严密的防灾安全监控等。

重载铁路

重载铁路是指满足列车牵引质量 8000 吨及以上，轴重为 27 吨及以上，在至少 150 千米线路区段上年运量大于 4000 万吨三项条件中两项的铁路。

货运重载化、快速化是世界铁路货物运输发展的两个重要趋势。其目标是使铁路运输适应国民经济与社会发展的需要，有效地提高铁路的运输效率和效益。

◆ **起源与发展**

重载货物运输始于 20 世纪 60 年代的北美铁路。美国、加拿大等国相继在铁路运输大宗散装货物的主要方向上开创了固定车底单元列车循环运输方式。60 年代末，苏联为解决线路大修对运输的干扰，在通过能力紧张的限制区段组织开行两列普通货车连挂合并的组合列车，这种行车组织方式后来成为提高繁忙运输干线区段能力的重要措施。同时段，南非开始引进北美重载单元列车技术，在窄轨运煤和矿石的线路上，把列车牵引质量提高到 7400 吨，并不定期开行总质量 1.1 万吨的重载列车。70 年代中期，巴西开始开行重载单元列车。80 年代以后，由于新材料、新工艺、电力电子、计算机控制和信息技术等现代高新技术在铁路上的广泛应用，在大功率交流传动机车，大型化、轻量化车辆，同步操纵和制动技术等方面有了新的突破，促进了重载运输的发展。

80 年代起，中国铁路开始发展重载运输，研究开行不同类型重载列车的运输方式，作为铁路扩能、提效的重要手段。大致经历了 5 个阶段，并相应开行了 3 种模式的重载列车。第一阶段（1984～1985），改造既有线，开行重载组合列车，列车总质量达 7000 吨以上。第二阶段（1985～1992），中国自行设计建造了第一条双线电气化重载铁路——大秦铁路，开行 6000～10000 吨重载单元式列车。第三阶段（1992～2002），改造繁忙干线，开行 5000 吨级重载混编列车。第四阶段（2003～2014），大秦铁路开行 2 万吨，提速繁忙干线开行 5500～5800 吨重载列车。2014 年 4 月在大秦铁路线上，成功地进行了牵引 3 万吨的重载列车运行试验。2014 年，大秦铁路年运量达到 4.5 亿吨。

第五阶段（2014～2016），在系统开展新建30吨轴重重载铁路技术研究的基础上，中国铁路总公司于2014年7月至2015年2月在山西中南部铁路通道（瓦日铁路）进行了30吨轴重列车综合试验，共进行了6大类77个试验项目，为建设30吨轴重重载铁路积累了大量数据与经验。

◆ **特点与关键技术**

重载列车的特点是一列车的牵引质量大、列车长度长、编组车辆多、车辆轴重大、多节机车牵引，以及与之相适应的线路轨

图1　中国大秦铁路3万吨
重载列车运行试验

道重型化。世界各国重载列车试验牵引质量、列车长度、牵引机车节数等的纪录不断被刷新：1967年10月，美国诺福克西方铁路公司开行了500辆煤车编组的重载列车，由分布在列车头部和中部的6台内燃机车进行牵引，列车全长6500米，总质量达44066吨；1989年8月，南非铁路试验开行了660辆货车编组的重载列车，由16台机车牵引，列车总长7200米，总质量达7.16万吨；1996年5月，澳大利亚铁路开行了540辆货车编组的重载列车，由10台内燃机车牵引，列车总长5892米，总质量达72191吨，净载重57309吨，这次试验列车平均车速为57.8千米/时，最高为75千米/时；2001年6月21日，澳大利亚铁路开行了682辆货车编组的重载列车，由8台机车牵引，列车总长7353米，总质量99734吨，净载重8.2万吨，创造了最长、最重列车的新世界纪录。国际上重载列车实际运营中的牵引质量一般为1万～3万吨。实现重载运输的关键技术：①大功率机车以及实现多台机车同步操纵的无线遥控

系统，以保证长、大、重载列车安全运行。②制动性能优良的大轴重、轻自重、高强度的车辆。③由能够适应重载列车运行的高强度、长寿命的全长淬火钢轨组成的重型轨道结构、无缝线路，以及强化的线路路基和道床结构，以保证重载列车平稳运行。

左上为美国重载列车：轴重 30 吨，342 节车辆编组，牵引质量 4.1 万吨；
右上为南非重载列车：轴重 31.5 吨，330 节车辆编组，牵引质量 41580 吨；
左中为巴西重载列车：轴重 40 吨，240 节车辆编组，牵引质量 3.84 万吨；
右中为澳大利亚重载列车；左下和右下为中国瓦日铁路重载列车

图 2　各国重载列车

中国发展重载运输着力提高货车轴重、扩大列车编组，以提高重载货运能力，同时研究路网、通道运输能力匹配和运力布局；强化既有线基础设施，提升既有线桥涵结构承载能力、疲劳强度、抗裂性能，提升既有隧道基底承载能力、强度和安全储备的加固技术及方法，强化既有轨道结构；研究提出大能力煤运通道新建技术体系标准、规范；深化重载轮轨关系理论研究，重点研究重载轮轨型面匹配、轮轨摩擦管理、轮轨维修管理关键技术；着力研究与制定适合中国重载铁路运输条件的线路养护维修技术；为促进中国重载铁路预防性维修技术发展，研制设备状态检测与监测技术和装备。

城际铁路

城际铁路是指专门服务于相邻城市间或城市群、设计速度 200 千米 / 时及以下的客运专线。

中国城际铁路建设的起始阶段与高速铁路没有明确的界定，设计速度为 160 ～ 350 千米 / 时。如 2008 年建成通车的京津城际铁路，设计速度为 350 千米 / 时；2009 年建成通车的沈抚城际铁路，设计速度为 160 千米 / 时。随着中国高速铁路技术体系的完善和取得的建设经验，为适应中国城镇化发展战略，以及铁路投融资体制改革要求，中国《城际铁路设计规范》（TB 10623—2014）对城际铁路与高速铁路进行了明确的分工。前者专门服务于相邻城市间或城市群、设计速度 200 千米 / 时及以下；后者则为连接大城市间、设计速度 250 千米 / 时（含预留）及以上动车组列车，初期运营速度不小于 200 千米 / 时的客运专线铁路。

城际铁路具有运量大、速度快、便捷、高密度、安全、准点、相对距离短、公交化、保护环境、节约能源和用地等特点。这不但缓解了相邻城市间交通的压力，使城市之间的时空压缩，对城市产业的经济发展、城市形象的总体提升都起到了推进作用。城际铁路线路长度一般为 50 ～ 300 千米，城际铁路车站间距一般为 20 ～ 50 千米。

市域铁路

市域铁路是指连接城市与周边城镇及城镇之间的公交化、快速度、大运量的客运轨道交通系统。

市域铁路的主要特点有：①运输量大。国际上一些特大城市（都市圈），市域铁路承担了整个城市的主要出行。2013 年，东京都市圈轨道交通占公共交通出行总量的 77.7%，其中市域铁路占公共交通出行总量的 65.5%。②客流波动大。市域铁路主要承担短途城际客流，客流具有潮汐现象和向中心城区聚集的特点。③线路长且覆盖范围广。市域铁路全程的运行时间一般在 1 小时左右，线路长度一般在 100 千米以内。日本东京和大阪都市圈的市域铁路长度为 30～70 千米；法国巴黎都市圈的市域铁路长度为 60 千米；中国温州市域铁路 S1 线全长 77 千米，连接未来温州大都市的瓯海中心区、中心城区、龙湾中心与龙湾国际机场和灵昆半岛。④速度快、密度高、公交化。市域铁路一般的设计速度为 100～160 千米 / 时，平均站间距一般不小于 3 千米，采用相应的运输组织模式，方便旅客出行和减少乘客在途时间，提高服务质量。

温州市域铁路 S1 线

中国铁建铁四院总体设计的温州市域铁路 S1 线，以高速动车组技术平台为基础，是中国首条采用交流 25 千伏同相供电制式的轨道交通线路。

电气化铁路

电气化铁路是指设有牵引供电系统，向电力机车和电动车组提供动力电能的铁路。

由于电力机车和电动车组的用电量大，靠其本身携带能源无法长时间运行，所以需要从外部供电系统获得电能，并在车上经过电流和电压变换后输送给牵引电动机，使其旋转以驱动车轮转动进而牵引列车运行。世界上电气化铁路的供电制式主要有3种：直流制、低频单相交流制和工频单相交流制。中国铁路干线电气化铁路统一采用25千伏工频单相交流制。

电气化铁路采用电力牵引方式，相较于内燃牵引和蒸汽牵引方式，具有功率大、加速快、效率高、污染小等优点，特别适合大坡度、大运量、高速度的线路。

1879年5月，世界上第一条电气化铁路在德国柏林建成。电气化铁路因其技术经济优越性，在世界很多国家得到发展，营运里程不断增加。高速

合福客运专线热滑电力机车

铁路几乎全部采用电力牵引。中国自1961年8月开通第一条电气化铁路——宝成（宝鸡—成都）线的宝鸡—凤州段后，至2020年7月，电气化铁路总里程达104000千米，居世界第一位，电气化率达71.9%。

客货共线铁路

客货共线铁路是指旅客列车与货物列车共线运营、旅客列车设计速度为 200 千米 / 时及以下的铁路。

根据客货共线铁路在铁路网中的作用、性质和近期客货运量，将其划分为 I、II、III、IV4 个等级。I 级铁路为在铁路网中起骨干作用的铁路，或近期年客货运量大于或等于 20Mt 者；II 级铁路为在铁路网中起联络、辅助作用的铁路，或近期年客货运量小于 20Mt 且大于或等于 10Mt 者；III 级铁路是为某一地区或企业服务的铁路，近期年客货运量小于 10Mt 且大于或等于 5Mt 者；IV 级铁路是为某一地区或企业服务的铁路，近期年客货运量小于 5Mt 者。

客货共线铁路运行列车分为动车组和快速旅客列车、一般旅客列车和货物列车三个等级。旅客列车设计速度划分为 200 千米 / 时、160 千米 / 时、120 千米 / 时、100 千米 / 时和 80 千米 / 时。新建客货共线铁路按旅客列车设计速度和近远期客货运量确定单、双线建设标准。旅客列车设计速度为 200 千米 / 时，应一次修建双线；平原、丘陵地区和山区近期年客货运量分别大于或等于 3500 万吨和 3000 万吨时，宜一次修建双线，其他铁路一般按单线设计。客货共线铁路牵引动力一般为内燃和电力，开行动车组的线路采用电力牵引，常用机车有电力机车和内燃机车。列车运行控制系统装备等级根据线路允许速度选用，160 千米 / 时客货共线铁路采用 CTCS-0 级或 CTCS-1 级列控系统，200 千米 / 时客货共线铁路采用 CTCS-2 级列控系统。

第 2 章

著名车站

北京站

北京站是于 1959 年建成的北京铁路枢纽的主要客运站。中国铁路客运特等站。

北京站是中华人民共和国成立十周年的北京市十大建筑之一，地处崇文门以东，建国门以西，东长安街以南，原北京内城城墙以北。北京站初始建设为尽头站型式，随着北京站和北京西站地下直径线的建成，已扩展为尽头式与通过式相结合的型式。

图 1　北京站

◆ 历史沿革

北京站原址位于正阳门瓮城东侧，始建于清光绪二十七年（1901），建成于 1903 年，旧称"京奉铁路正阳门东车站"，曾沿用前门站、北京站、北平站、北平东站、兴城站等站名，1949 年 9 月 30 日改称北京站。北京站现址于 1959 年 1 月 20 日开工兴建，9 月 10 日竣工，9 月 15 日开通运营，毛泽东为北京站题写站名。

北京站站房、进出站线路、股
道、站台、雨棚及客运设备经过了
多次改扩建。1976 年，北京站的客
运服务设施开始现代化改造，相继
建立微机制票、电视监控、行包自
动称重、无线通信、自动广播、引
导揭示、自动查询、自动检票和计

图 2　京奉铁路正阳门东车站

算机管理 9 大系统。1980 年 12 月，北京站大修改造后，建设了多种旅
客服务设施，设有车站招待所、商务中心、咖啡厅、旅游部、电影录像
厅、新华书店、期刊书报门市部、二楼观光平台、百乐超市、百货柜台、
商业街、电子寄存柜、小件行李寄存处、行李包裹打包处、小红帽小件
搬运处、大都会、中餐厅、快餐厅等。1998 年 5 月至 1999 年 9 月开展
的北京站抗震加固大修改造工程，依据"风格依旧、面貌一新、功能齐
全、科技领先"的构想，引进、开发和使用科技新项目 10 项，即中央
空调系统、自动喷淋消防系统、客运引导揭示系统、客运多功能广播系
统、电话电脑问询及电视监视监控系统、多媒体触摸查询系统、自动检
票系统、自动售票机、开通网站服务和启用平面无线调车灯显设备等。

1996 年北京西站的建成运营，分担了北京站承担的京广线、京九
线等众多线路的客运压力。2008 年北京南站改建完成，成为北京—上
海的京沪高速铁路、北京—天津（后延伸至塘沽）的京津城际高速铁路
的始发站，进一步分担了北京站的客运压力。北京站到发列车：中国境

内东北地区的全部列车，华北、华东、华南地区部分列车，以及东北方向动车组列车，并有开往朝鲜平壤、蒙古国的乌兰巴托、俄罗斯的莫斯科的国际和国际联运旅客列车。

2015 年 3 月 20 日，北京站至北京西站地下直径线正式运营，京广铁路到东北方向的旅客无须下车换乘，减少了旅客市内中转换乘消耗，提高了铁路运输组织的灵活性，对改善北京地面交通也具有重大意义。

◆ 建筑结构

北京站占地面积 25 万平方米，总建筑面积 8 万平方米。车站总体布局为纵列式，分为到发场、交接场、客车整备场（客车段）。北京站站房位于车站北侧，大楼坐南朝北，东西宽 218 米，南北最大进深 124 米，建筑面积 7.1 万平方米（含站房及站台雨棚）。站前广场面积 4 万平方米。站内设有进站天桥 2 座、自动扶梯 6 部、直升电梯 7 部，售票厅、国际售票处、中转签字加快窗口各 1 处。站内主要服务设施有贵宾室 6 个、软席候车室 1 个、普通候车室 4 个、高架检票厅候车室 1 个、重点旅客候车区 4 个。

北京站现有站台 8 座（1 个主站台和 7 个中间站台）、列车到发线 16 条，交接场设有线路 6 条、客车整备场设有整备线 14 条、动车整备线 3 条、零散车辆存放线 18 条。运营初期，旅客站台长度 371 米，总面积 34133 平方米，雨棚 6 座合计 2.51 万平方米。1976 年以来，多次进行站台东扩西延工程，站台有效长分别增至 497～603 米，可接发客车 18～20 辆。2002 年，站台总面积为 46838 平方米，雨棚总面积为 27278 平方米。2004 年 4 月，北京站扩能改造主体工程交付使用，在全路首次建成站台无柱雨棚 7.9 万平方米，新建岛式站台 2 座、列车到发线3条，大型地下行包库2万平方米。车站南侧8条到发线由尽头式改为通过式，可以接发北京西站方向的通过列车。

◆ **客运设施及服务**

旅客候车、检票及上车区域内配有先进的LED电子引导揭示系统，以及各种大型灯箱、标牌，软卧旅客有专人带队引导进站，母婴候车区有专人服务可优先进站。北京站配有自动广播系统，根据需要分别采用汉语、英语、俄语、朝鲜语等语种向旅客提供广播服务。北京站配有两条中继线的自动电话查询系统，可同时支持60路市话接入，负责解答有关旅客运输、列车运行及车站服务等方面的问询。北京站内设有报刊亭、新华书店、旅客生活服务设施，候车室有各类中外文杂志，供旅客阅览。候车室设有饮水处。一楼大厅设有敬老助残标准岗，备有轮椅、担架、输液架，设有专人帮助重点旅客优先进站上车。

◆ **与城市交通的衔接**

北京站北广场有地铁2号线通过，车站西侧是公交车场，广场北侧设有出租车停车场。北京站周围的北京站东街、北京站西街、北京站街，与建国门大街、二环路、朝阳门南小街、崇文门大街等城市干道连通，具有完善的旅客疏散条件。

北京南站

北京南站是北京铁路枢纽的主要高速铁路客运站，是中国铁路客运特等站。

北京南站位于北京市南二环右安门东滨河路以南，南三环西路以北，马家堡东路以西，开阳路和马家堡西路以东，西城区西南角与丰台区右安门地域的交界处。

◆ **历史沿革**

1896 年，清政府开始兴建卢汉（卢沟桥—汉口）铁路；1897 年，这条铁路由丰台接轨至马家堡，在距离永定门 3000 米的马家堡建造马家堡站。有历史学者认为，马家堡站是真正意义上北京最早的火车站。1902 年 5 月，马家堡站定名为永定门站，此后的 50 多年时间里，永定门站一直作为京山铁路去往上海和京广线去往广州方向的始发站。1988 年，永定门站更名为北京南站。

2006 年之前，北京南站主要提供普速铁路慢车和中短途旅客运输服务。为满足新建京津城际高速铁路和京沪高速铁路引入北京高速铁路枢纽的需要，北京南站于 2006 年 5 月 10 日起停用，进行重建改造；2007 年 1 月 28 日主站房工程破土动工；2008 年 8 月 1 日，正式开通运营，成为京津城际高速铁路和京沪高速铁路的始发站，主要承担去往华东地区的动车组列车、京津城际动车组列车及部分东北动车组列车的始发终到任务。是中国北方客流量最大的高速铁路站。

◆ **建筑特色**

北京南站中央为椭圆屋面造型，其设计构思起源于天坛祈年殿三重檐建筑形式，车站两翼的雨棚，形似祈年殿重檐，整体造型通透流畅，

北京南站鸟瞰图

充分体现了大型交通建筑的特点，并将内部功能与空间结构融合为一体，形成了阔大、通畅、和谐的空间布局。站房设计采用立体多重叠加布置，以求实现铁路、地铁、城市公交等多种交通方式的无缝连接和零换乘。站房主体共有5层，地上2层，地下3层，站台位于地面层。从上到下依次为：钢结构屋面层；地上高架候车厅层；地面层为列车站台层；地下一层中央为换乘区，两侧为出租车上客区和社会车辆停车场；地下二层为地铁4号线；地下三层为地铁14号线。

北京南站站房为双曲穹顶，最高点标高40米，檐口高度20米；两侧雨棚为悬索形钢结构，最高点31.5米，檐口高度16.5米。站房建筑地上部分长轴500米，短轴350米；地下部分长轴397.1米，短轴332.6米。中间站房为椭圆形建筑，地上沿长轴方向两翼部分为各三跨钢结构通透雨棚，站房主体建筑面积25.2万平方米，站台雨棚投影面积7万平方米，高架环路2.3万平方米。中央站房屋面采用大跨度钢结构，最大跨度67.5米，高架层采用大跨度钢框架，最大跨度67.5米；站房设计与外观布置将功能性、实用性与艺术性和景观性相融合，特别注重采光、通畅、绿色、环保等要素的体现，将人性化设计贯穿于车站的各个空间中，既保证了结构的安全，又满足了现代化站房的整体性观感。旅客主要通过高架层候车进站，高架层东西两侧设有进站口，并与站房外侧的高架道路相通；地下一层也设有快速进站口。出站的旅客从地下一层出站，旅客主体流线为"上进下出"形式。地下一层为换乘大厅，旅客在此选择乘坐地铁、地面公交或出租车。换乘大厅中心为地铁换乘区，换乘大厅东西两侧为出租车待客区，再向两侧设有夹层（地下一层标

高 -11.500 米，夹层标高 -7.800 米，地面层为 0.000 米）用于停放社会车辆，乘坐私家车和社会车辆的旅客，可在此处换乘。地下一层南北两侧设有公交站。

高架层为椭圆形，长轴约 350 米，短轴约 190 米，高 40 米，建筑面积约 7000 平方米，主要为广庭式旅客候车区，可以同时集结约 2 万名旅客。南北两端为上下贯通的进站厅，在站房屋顶中间轴线处设置天窗以获得自然采光；站台雨棚上方也大规模设置天窗以满足站台采光。站房整体布局集美观造型和先进功能为一体，实现了立体式交通换乘。

轨道层采用大吨位型钢筋混凝土连接过渡，体现了现代大型综合枢纽的梁、板、柱式铁路桥梁结构特征。地下结构采用整体现浇钢筋混凝土框架结构，出站大厅柱子为钢管混凝土柱，两侧的小汽车车场为钢筋混凝土柱。

旅客站台采用 A 形塔架支撑体系和悬梁结构的无站台柱雨棚，椭圆形中央站房屋顶，两侧雨棚主要采用银色金属铝板，宽敞的站台空间极大地改善了旅客的站台候车体验和站内观感，减少了压抑感，也体现了现代化铁路客运站的通畅性特征和整洁环境。

北京南站遵循节能环保设计理念，站房屋顶采光窗安装了铜铟镓硒太阳能光伏电池系统，可以为车站照明、取暖及空调的使用提供绿色能源。

◆ **站场布置**

北京南站铁路站场轴线与北京市正南北方向成 42° 夹角。车站设有 3 个接发列车的到发场，从南到北分别为京津城际车场、京沪高速铁路车场和普速铁路车场。共设 24 条到发线和 13 座站台（2 座基本站台和

11 座中间站台），其中京津城际车场设 4 台 7 线，京沪高速铁路车场设 6 台 12 线，普速铁路车场设 3 台 5 线。设计规模超过北京站和北京西站。在车站西端咽喉区设有动车组列车停留线 3 条，用于运输不繁忙时临时停放动车组。为了方便到达列车折返及减少动车组列车出发与到达列车的进路交叉，在京津城际车场和京沪高速铁路车场尾部均设有动车组折返线（京津城际车场设 2 条，京沪高速铁路车场设 1 条），平常的列车折返作业主要采用本线立折方式，如果需要，动车组可通过尾部折返线实现转线，可显著提高咽喉区通过能力。

北京南站西端咽喉区与北京动车段相连接，京津城际车场和京沪高速铁路车场各连接 1 条动车出入段走行线，双向使用，在动车组出入段高峰期，这两条动车组走行线可采用多种运用方式实现动车组密集出入段作业。

◆ **旅客服务设施**

北京南站设有先进的客服系统，包括集成管理平台、综合显示、客运广播、安全监控、自助查询、时钟、小件寄存、紧急求助、门禁及防盗报警、安检仪等子系统，在集成管理平台上集中管理，具备信息共享、资源高效利用、运行安全可靠等特点，旅客在站内可享受到全方位的信息服务。采用了磁质客票及自动检票设备，进出站以自动检票为主。旅客可选择自动售票机、网络购票和窗口购票等多种方式购票。

全站设有旅客进站闸口 39 处，206 台自动检票机，11 个快速卡通道和 42 个人工检票口，候车厅设有 70 多台自动售票机。有自动扶梯 76 部、无障碍直升梯 35 部，列车到发信息显示大屏 2 面，每个检票闸口上方均有待发列车信息显示屏。

旅客从候车厅上车时，可从候车大厅的进站闸口和楼梯（步行楼梯、自动扶梯、垂直升降梯）直接下到站台。每个中间站台设有两个出站口，设有自动扶梯和步行梯，中部设两部垂直升降梯，一部用于旅客从候车厅下到站台，另一部用于旅客从站台下到出站厅。

◆　**与城市交通的衔接**

地下一层换乘大厅的主要功能是服务于旅客在不同交通方式之间的换乘。换乘大厅面积为 3.68 万平方米（包括地铁换乘区面积 5800 平方米），设有 6 个进站厅。换乘大厅的主要设施包括：地铁换乘区、市政公交换乘区、出租车上客区、铁路售票处、自驾车停车场（上下两层共 525 个车位）、商业区等。

上海虹桥站

上海虹桥站是上海铁路枢纽的主要高速铁路客运站，是中国铁路客运特等站。

◆　**建设概况**

上海虹桥站于 2008 年 7 月 1 日奠基开工，2010 年 7 月 1 日部分开通运营，2011 年 7 月 1 日全部开通运营，

上海虹桥站

主要承担接发京沪、沪昆、沪宁、沪汉蓉、甬台温等方向的高速铁路列车和动车组列车，是沪昆、京沪、沪宁城际 3 条高速铁路的始发、终到站之一，是上海虹桥综合交通枢纽的重要组成部分。

上海虹桥站东邻虹桥机场 2 号航站楼，西至申虹路，南抵建虹路，北靠崧泽路，总占地面积 44.2 万平方米，其中站房总建筑面积约 24 万平方米，无站台柱雨棚面积 6.9 万平方米，旅客候车大厅面积（含售票厅、人行通廊）约 7 万平方米，站房分作 5 层，站场分设高速和综合 2 个车场，设有 30 条到发线和 16 座站台。建设中广泛应用太阳能板发电、电能余热利用、空调温度优化控制等多项环保技术，成为上海市低碳经济示范点。

◆ **综合交通枢纽功能**

上海虹桥站连接京沪高速铁路、沪昆高铁和沪宁城际高速铁路，远期还连接沪通铁路（上海—南通）、沪湖铁路（上海—湖州），成为多条高速铁路线路的始发站和客流中转枢纽，与上海铁路枢纽的上海站、上海南站共同承担上海与外部交流的旅客运输任务。上海虹桥站主要负责高速铁路的运输，上海站、上海南站则主要为动车列车、普速列车的旅客提供服务。此外，上海虹桥站还预留了沪杭高速磁悬浮 10 台 10 线建设位置。

上海虹桥站对外交通联系方便，上海地铁 2 号线、5 号线、10 号线、17 号线、青浦线（规划的低速磁悬浮轨道线）从虹桥站地下通过；上海虹桥站地面设有 30 多条公交线路与市中心区域连接；地下一层设有长途公交车站，以及出租车和社会车辆停车场。上海虹桥站通过站房综合设计和配套设施形成了完善的综合交通换乘枢纽，形成了高铁运输、普铁运输、磁悬浮交通、道路交通以及航空港紧密衔接的现代化客运中心。

◆ **车站布局结构**

上海虹桥站采用上进下出的客流模式，分为高架层、地面层和地下层。

高架层。为旅客进站层，主体长度约 410 米，宽度 162 米，南北站前平台和高架匝道宽度分别为 12 米和 36 米。共分成 3 个部分：中间 72 米的候车室和南北两条 42 米的进站大厅、人行通廊。乘公交、长途、社会车辆和出租车在本层进站的旅客可以直接进入车站，旅客在候车大厅可通过两侧的楼梯或自动扶梯进站上车。在 15.95 米和 21.95 米两个标高上还设置了为旅客服务的设施和空间，既充分利用空间也为车站综合经营、丰富车站功能提供了条件。

地面层。共分 4 部分，分别是东进站厅、西进站厅、西北辅助办公楼和站台。东、西进站厅主要承担旅客在 3 个层面上的竖向沟通。东、西进站厅均设有 VIP 候车室。

地下层。地下一层为出站层，也是换乘区，长度约 410 米，宽度 198 米。南北两侧为铁路出站厅和两条 24 米宽的人行通廊。中央区域分为东西两部分，西部为地铁换乘大厅，东部为商业网点，中间为铁路和地铁售票区。外侧设有东西走向的地下出租车上客区，采用南进南出、北进北出的车流组织方式。出站旅客在换乘区可选择地铁或出租车离开，也可选择换乘西部交通中心的长途汽车、公交车辆或去往社会车辆停车场。为解决东西向走行距离过长问题，在南北两条 24 米宽的人行通廊内设置了自动人行步道。

地下二、三层为地铁车站层，与5条城市轨道交通线相衔接。其中2号线、10号线由东向西在地下二层横穿枢纽核心区，分别在高速铁路站房西侧，磁悬浮、机场间的地下二层设站。地铁17号线自北向南、5号线自南向北引入铁路站房西进站厅地下三层，并与2号线及10号线形成换乘。

◆ 客运设施

上海虹桥站大量设置自助售票机、自动检票系统、自助取票机、自动引导系统等自助服务设备，在旅客售票、求助、引导、检票等方面，可采用自助方式实现。全站共设自助售票机80台（1层、2层均有自助售票机和人工服务），人工售票处5个，售票窗口48个，自助售票处8个。设进出站检票闸机216台，其中进站闸机126台，出站闸机90台。全站设进站入口32个，出站口30个。候车大厅是全开放的空间，不设立分隔的候车室，最高可同时容纳1万人候车。车站各层之间均设置了自动扶梯、无障碍电梯和楼梯等设施，共设电梯159部，其中自动扶梯117部，无障碍电梯42部。设列车上水设备257套。

◆ 站场布置

上海虹桥站设有高速车场和综合车场两个到发场，全站设有16个站台和30条到发线（含正线），其中高速车场设10个站台和19条到发线（其中1个站台与综合车场共用），综合车场设有6个站台和11条到发线。高速车场主要承担接发京沪高速铁路、沪昆高速铁路及经行的其他方向的高速铁路列车，综合车场主要接发沪宁城际高速铁路列车及其经行的其他方向动车组列车和京沪铁路、沪通铁路等普速列车。设计能力日均发送旅客20万人次。

郑州北编组站

郑州北编组站是中国铁路第一个实现运营管理综合自动化的编组站。简称郑州北站。

◆ 建设概况

郑州北编组站位于河南省郑州市西北郊，处于京广铁路与陇海铁路交汇处，属于郑州铁路局管辖，是铁路路网性编组站之一。郑州北编组站下辖 1 个编组站和 9 个中间站，其编组站站型为双向纵列式三级八场布置，南北长 6.63 千米，东西宽 0.8 千米，占地面积 5.3 平方千米。

郑州北铁路货运编组站航拍图

◆ 发展概况

郑州北编组站的规模是经过 30 多年建设形成的，整个工程分一期工程、二期工程、三期工程、扩建工程、续建三期工程。

1955 年 10 月，开始建设郑州火车北站。1956 年 5 月，第一期工程竣工，在下行场西半部位置建成有 21 条线路的横列式平面调车场。1959 年 3 月，第二期工程竣工，建成下行系统到达场、调车场、出发场，成为单向纵列式三级三场布局，到达场设 13 条线，调车场设 36 条线，出发场设 15 条线，驼峰改造为机械化驼峰，本次工程预留了上行改编系统和两端的环形联络线。1959 年末，第三期工程开工。1962 年 11 月

2 日，经原铁道部批准，郑州车站新老两场分为两个车站，老场改为郑州客运站，新场改为郑州北编组站（枢纽编组站）。1963 年 1 月 1 日，郑州北编组站正式命名。1985 年 3 月 25 日，扩建了上行改编系统、交换车场、机务段和车辆段，上行到达场设 14 条线，调车场设 37 条线，出发场设 19 条线，交换场设 10 条线，上行驼峰也采用机械化驼峰，此时郑州北编组站形成了完整的双向纵列式三级八场站型。1986 年，被列入中国国家"七五"重点科技攻关项目的"郑州北生产管理现代化工程"开始实施。1989 年 12 月，以货车管理信息、驼峰作业过程控制、枢纽调度监督、峰尾微机集中、平面无线调车五大系统为代表的编组站自动化技术设备相继投入使用。

◆ **布局形式**

郑州北编组站是中国第一个采用双向纵列式三级八场布置的编组站。全站分为上行和下行两个改编系统，分别处理不同方向到达的列车，每个改编系统均设有独立的到达场、驼峰调车场、出发场，两个改编系统之间是交换车场。上行改编系统到达场设 14 条线路，驼峰调车场设 37 条线路，出发场设 19 条线路；下行改编系统到达场设 13 条线路，驼峰调车场设 36 条线路，出发场设 15 条线路；交换车场设 10 条线路。在两个改编系统外侧还设有环形联络线，可实现列车环线接入和发车。此外，为了提高短途摘挂列车调车作业效率，还设有摘挂列车编组车场。为了与外界和内部交通通畅，站内各车场间修建了多条连通道路。

◆ **技术特点**

郑州北编组站具有列车和车辆信息自动化管理、车站作业计划自动化编制、调度指挥集中化运作、解编过程流水化作业、调车作业自动化控制、生产安全自动化监控等特点。郑州北编组站通过运用先进技术设备和优化作业组织，实现了中国铁路编组站改编作业效率的多项第一：车站最高日办理辆数达到 31722 辆，年日均办理辆数达到 27107 辆，驼峰单班解体最高达到 74 列，全站日解体最高达到 223 列，单班调车场编组最高达到 69 列，全站日编组最高达到 226 列。

1989 年 12 月，全站完成综合自动化改造，实现了编组站的信息管理、调度指挥、作业控制、统计分析及监督检查等全过程的自动化。2014 年，开始对既有的编组站综合自动化系统进行升级改造，更新了计算机连锁系统和驼峰自动化系统，增加了编尾停车器自动控制系统、调车机车信号和监控系统，提升了编组站信息集成和处理能力、作业控制自动化水平和调度指挥智能化水平，实现了更高程度的综合自动化。

郑州北编组站的驼峰解体作业采用了驼峰综合自动化系统，能够完成车辆溜放速度控制自动化、溜放进路控制自动化、机车推峰速度控制自动化、调车场连挂速度控制自动化和编尾停车防溜控制自动化。编组站综合自动化系统首先从信息管理子系统中取得到达列车编组的车辆信息，根据车流去向、调车场车流集结及出发列车编组需要等因素自动编制解体计划，驼峰综合自动化系统读取解体作业计划，根据解体车组的辆数、空重、溜放间隔等条件，指挥调机推峰作业，并根据车辆溜放的速度和前后车组间隔、溜放距离等情况，操纵间隔制动减速器进行速度控制，保证车辆溜放速度在安全范围内，并使得前后车组保持充足的间隔距离，能够满足溜放进路上的道岔实现转换。在溜放车辆进入调车场后，根据车组长度、前方停车距离等因素，操纵目的制动减速器对车辆进行控制，使溜放车辆缓慢运行，并与前方停留车辆安全连挂。在调车场尾部线路上安装有停车设备，能够保证所有溜放车辆停止在合适范围之内，避免出现车辆溜逸。驼峰溜放控制综合自动化系统，提高了编组站列车改编效率，保证了作业安全，减少了现场作业人员及改善了作业条件，使中国驼峰解体作业自动化技术处于世界领先水平。

郑州东站

郑州东站是郑州铁路枢纽中的主要客运站和高铁站，铁路客运特等站。

◆ **建设概况**

郑州东站位于河南省郑州市郑东新区。是京广（北京—广州）高铁和徐兰（徐州—兰州）高铁两条线路的交会站，也是郑济（郑州—济南）、郑合（郑州—合肥）、郑太（郑州—太原）、郑银（郑州—银川）、郑渝（郑州—重庆）高铁和郑开（郑州—开封）城际等铁路的始发终到站。2009年6月开工建设，2012年9月正式启用。全站共设站台16座、到发线32条（其中京广到发场设16条、城际到发场设4条、徐兰到发场设12条）。

车站总建筑面积41.1841万平方米，其中站房14.9981万平方米、站台雨棚8.0238万平方米。站房共有5层：高架二层为候车层，在候车室两侧设落客平台，且四周通过高架匝道与城市道路连接；高架一层为站台层，设有站台和到发线，供列车停靠和旅客上下车；地面层为与城市交通衔接的转换层，设有东西广场通道、铁路进出站厅、中转旅客候车厅、地铁进出口和相关服务设施等，并且在南北两侧设长途客运、公交、出租、社会车辆停靠点；地下一层为地铁换乘层，设地铁换乘厅、地铁售票、商业服务设施等；地下二层为地铁站台层。

◆ **建筑设计特点**

郑州东站站房立面设计借鉴了国宝级文物"莲鹤方壶"和"彩陶双连壶"的和谐构图，充分体现中

郑州东站

原文化和中华文明的底蕴，反映出庄重、沉稳、宏大的气质。

◆ **建筑结构特点**

郑州东站为中国铁路首次采用格构式双向预应力钢筋混凝土结构，提高了站房结构的整体稳定性及抗震性，减少了梁体断面，提高了线下净空，降低了站房底层和站场标高，增加了高架站房的整体刚度；站房空调使用再生水技术，将旁边一污水站水源进行处理后，作为空调系统能源，进行制冷或供暖，与传统方式相比，节约了能源和资金；还采用热压通风、阻尼消能减震、吸音、吸光等生态环保技术，以及智能化照明控制系统、可控式百叶幕墙、智能变配电系统等，使郑州东站成为一个集低碳、节能为一体的环保性建筑。

西安北站

西安北站是中国西安铁路枢纽的主要客运站，铁路客运特等站，也是高铁和城际铁路始发终到站。

◆ **建设概况**

西安北站位于陕西省西安市北郊城市中轴线未央路、机场高速路、城市三环路及绕城高速公路衔接处，是郑西（郑州—西安）、西宝（西安—宝鸡）、大西（大同—西安）、西成（西安—成都）、银西（银川—西安）高铁及关中城际等铁路的始发终到站，2008年9月开工建设，2011年1月正式启用。全站共设站台18座、到发线34条，由南向北依次为郑西及西宝到发场8座站台15条到发线、大西及西成到发场6座站台12条到发线、银西城际到发场4座站台7条到发线。

车站总占地面积53.3万平方米，总建筑面积42.5万平方米，其中主站房17.1万平方米、无柱站台雨棚9.4万平方米，建筑高度43.6米。站房共有4层：高架层为落客平台、旅客候车及局部商业夹层；地面层为站台层，设有站台和到发线，供列车停靠和旅客上下车；地下一层为出站、旅客中转换乘、南北广场通道层；地下二层为与城市轨道交通衔接的转换层。

◆ **建筑设计特点**

西安北站站房建筑采用"唐风汉韵、盛世华章"的风格设计，融合了唐朝建筑大明宫含元殿和西安城墙的元素，整体朴素庄重、气势恢宏，彰显了浓郁的汉唐风格。

图1 西安北站外景图

◆ 建筑结构特点

西安北站站房的高架层楼盖采用钢管混凝土柱与钢桁架（框架）结合的结构体系，并借鉴桥梁结构的设计特点，通过在柱顶与高架层桁架之间设置水平滑动支座的分缝方式，较好解决了释放结构温度作用效应与减少车站用地之间的矛盾。屋盖采用了多点支撑的大跨度钢网架的空间网格结构，覆盖

图 2　西安北站站房大跨度钢网架实景图

了站房及周边高架车道。屋盖支承结构的跨度：顺轨道方向为 42 米 + 66.5 米 +42 米，垂直轨道方向为 43 ～ 47.05 米，悬挑长度顺轨道方向为 21 米，垂直轨道方向为 21.5 米。

广州南站

广州南站是中国广州铁路枢纽的主要客运站，铁路客运特等站，也是高铁和城际铁路始发终到站。

◆ 建设概况

广州南站位于广东省广州市番禺区，是京广（北京—广州）、广深港（广州—深圳—香港）、贵广（贵阳—广州）、南广（南宁—广州）高铁及广珠（广州—珠海）城轨等铁路的始发终到站，2004 年 12 月开工建设，2009 年 12 月正式启用。全站设有高速到发场和城际到发场两

个车场，共设站台 15 座、到发线 28 条，其中，高速到发场设 10 座站台 19 条到发线，城际到发场设 5 座站台 9 条到发线。

车站总建筑面积 61.5 万平方米，站房建筑面积 48.6 万平方米。站房共有 4 层：地下层是与城市交通衔接的转换层，设有广佛（广州—佛山）环线和佛莞（佛山—东莞）城际铁路车站，以及市内地铁车站和汽车停车场；地面层为进出站层和购票层，还设有公交及出租车停车场；高架一层为站台层，设有站台和到发线，供列车停靠和旅客上下车；高架二层为候车层。

◆ 建筑设计特点

广州南站站房设计以具有岭南特色的芭蕉叶为造型元素，屋顶上巨大的玻璃穹顶形似 6 片漂浮于空中的芭蕉叶；屋面中央的薄壳型双曲采光带将长

广州南站全景图

短错落有致、层层叠叠的叶片状雨棚统一成整体；整个建筑以优美的曲线和独特的造型彰显出鲜明的地域特色。

◆ 建筑结构特点

广州南站为集桥梁、建筑于一体的全高架铁路大型客站。站房下部为桥梁结构，中部为高架框架结构，上部为跨度达 64 米的大跨度拱形钢结构屋顶，且屋顶采用由钢桁架支撑的预应力索拱和索壳 2 种结构体系组合而成的空间钢结构体系，中间采光带部分为索壳结构。无站台柱

雨棚采用索拱结构。屋顶天窗采用对角线网格钢筋结构，并在拱顶镶嵌了 ETFE（乙烯－四氟乙烯共聚物）气枕，使得自然光照入候车大厅，同时减少对外部热量的吸收。站房屋顶安装了约 2000 平方米的太阳能电池板，将太阳能转化为电能后直接为车站供电。

武汉站

武汉站是中国武汉铁路枢纽的主要客运站，铁路客运特等站，也是高铁和城际铁路始发终到站。

◆ 建设概况

武汉站位于武汉市洪山区，毗邻武汉城市三环线，是京广（北京—广州）、武九（武汉—九江）、沪汉蓉（上海—武汉—成都）、武杭（武汉—杭州）、西武（西安—武汉）高铁及武黄（武汉—黄石）城际等铁路的始发终到站，2004 年 8 月开工建设，2009 年 12 月建成启用。全站共设站台 11 座、到发线 20 条，其中，高速到发场设 8 座站台 15 条到发线，城际到发场设 3 座站台 5 条到发线。

车站总建筑面积 33.2 万平方米，其中站房建筑面积 11.2 万平方米，建筑总高 59.3 米。站房共有 4 层：高架二层为进站、候车层，设有进站大厅、中央大厅、售票厅及候车区和服务区，在中央大厅的夹层设有观景长廊，可供旅客观赏高速列车的到达、始发全过程及站台全貌，在中国铁路车站属首创；高架一层为高架站台层，设有站台和到发线，供列车停靠和旅客上下车；地面层为旅客出站、旅客换乘层，设有出站大厅、售票厅、地铁进出口和商业服务区，并在四周设有公交、出租车及汽车停车场；地下层为地铁站台层。

◆ **建筑设计特点**

武汉站的站房设计采
用"九头鸟"造型，建筑
呈波浪形，九片重檐屋顶
呈现"九头鸟"状，寓意
"千年鹤归"和"九省通
衢"，站房中部拱起的大

图1 武汉站全景图

厅屋顶则寓意"中部崛起"，完美体现了武汉地域特色。

◆ **建筑结构特点**

武汉站为中国首次采用叠合式立体布局的站桥合一的特大型铁路客
站。其站场以 10 座并列的大跨度铁路桥的形式全架空于广场之上，并

与车站建筑融为一体。站
桥合一与超大跨度结构的
有机结合满足了对车站建
筑外部造型和内部空间的
要求，有效提高了土地利
用率，缩短了旅客在站内
的行走距离。为建设绿色
客站，屋面采用半透明复

图2 武汉站内景图

合材料，在增加光照的同时减少对外部热量吸收；还采用了太阳能光伏
发电系统、地源热泵空调系统、智能照明控制系统等环保节能技术。

第 3 章

著名铁路

京张铁路

京张铁路是由中国人主持勘测、设计、施工并负责运营管理的第一
条铁路。

◆ 建设概况

京张铁路由清政府规划并出资，于 1905 年设立京张铁路局，委派
詹天佑为会办兼总工程师，1905 年 9 月开工修建，1909 年 8 月全线建成，
同年 10 月通车，由北京市丰台经居庸关、八达岭，河北省沙城、宣化
至张家口，全长 201.2 千米，起初列车运行时速为 35 千米。

◆ 重点技术

京张铁路所经地域地势起伏不平，山峦沟壑重叠，线路最大坡度达
33‰，最小曲线半径 182.5 米，为穿越山脉，建有居庸关、五桂头、石
佛寺、八达岭等总长度 1644 米的四座隧道。在当时工程机械匮乏，仪
器仪表原始的状态下，铁路建设难度极大。

南口至居庸关之间的关沟段，地势险峻，山体坡度大，詹天佑利用
青龙桥东沟的天然地形，借鉴美国铁路"Z"形线路，设计了"人"字

形线路。在南口至康庄之间，采用两台当时功率最大的 1908 年英国制造的马莱（ML₁）蒸汽机车，前拉后顶列车沿线路爬升，列车驶过"人"字顶点后，车头变车尾，车尾变车头，通过扳动道岔，列车沿另一边折返爬升，有效解决了列车爬坡的困难。不仅如此，此设计引起线路的抬升，将八达岭隧道的长度由 1800 米缩短至 1091 米，降低了工程成本。八达岭隧道施工中采用了竖井开凿法，南口至青龙桥间的会让站均设计了安全线和避难线。詹天佑还推广以美国工程师 E.H. 詹尼（Eli

图 1　京张铁路人字形展线

Hamilton Janney，1831-11-12 ～ 1912-06-16）命名的"手指相扣"詹氏自动车钩（Janney coupler）。

　　京张铁路建成后经过不断延展修筑，成为京包铁路的一段。1960 年启动复线建设，1962 年青龙桥西站建成，1981 年进行电气化改造。2016 年拆除北京北站至清华园段，兴建京张铁路遗址公园。2018 年 1 月，京张铁路入选第一批中国工业遗产保护名录。2019 年 12 月 30 日，新建的京张高速铁路开通运营，列车

图 2　老京张铁路与京张高铁并行地段

最高运行时速 350 千米。

◆ **作用及影响**

京张铁路的通车运营，极大地便利了北京与张家口之间的交通，促进了张家口内外贸易。其建成彰显了中国人民自力更生艰苦奋斗的精神和自主创新的能力，培养和造就了一支铁路建设的队伍。

吴淞铁路

吴淞铁路是中国第一条营业铁路，起自上海经江湾至吴淞。

1866 年，驻中国的英国公使向清政府请求修筑铁路，以便将海运至吴淞码头的货物运输至上海，清政府未予批准。1875 年，英商怡和洋行组建了吴淞铁路公司，自筹自划将从英国购买的钢轨、机车、车辆等铁路器材运至中国筑路。1876 年 1 月开始铺轨，6 月修成上海苏州河北岸至江湾徐家花园段，该段于 7 月 3 日通车营业，12 月 1 日全线建成通车。全长 14.5 千米，采用 13 千克 / 米钢轨，轨距 762 毫米，以"先导"号机车牵引小型客货车辆，列车运行时速 24 千米。

1876 年 10 月，清政府与英公使签订了《收买吴淞铁路条款》，以28.5 万两白银赎买吴淞铁路，但吴淞铁路公司继续将铁路修至吴淞。1877 年 9 月，清政府将铁路拆毁。

1897 年，清政府重建以吴淞铁路起讫点命名的淞沪铁路，由铁路总公司督办盛宣怀驻沪督造，聘请德国建筑师 H. 锡乐巴（Heinrich Hildebrand，1855 ～ 1925）主持造路事宜，线路沿原吴淞铁路走向，终

点延至河南北路。全长 16.09 千米，采用 32 千克 / 米钢轨，1435 毫米

标准轨距。1898 年建成
通车。1904 年并入沪宁
铁路，改名为淞沪支线。
此后经过战火动乱，淞沪
铁路不少路段经历了毁
坏、重修的历史。

淞沪铁路上海站

淞沪铁路于 1963 年
停止客运，1988 年停止货运。1997 年，上海修建城市轻轨明珠线时拆
除上海至江湾段。2005 年 8 月，淞沪铁路遗址建设成纪念性标志和场
景博物馆。

唐胥铁路

唐胥铁路是中国第一条官督商办的铁路，从河北省唐山至胥各庄
（今唐山市丰南区），长 9.319 千米，后来成为北京至沈阳铁路的一段。

1881 年 5 月，开平矿务局为运输煤炭，向清政府请求修建铁路。
经批准后，由开平矿务局英籍总工程师 C.W. 金达（Claude William
Kinder，1852 ～ 1936）主持修建，于 1881 年 6 月 9 日开工，当年 11
月建成通车。采用 15 千克 / 米钢轨，轨距 1435 毫米。开工前，有人建
议修筑窄轨轻便铁路以减少成本，金达力主采用 1435 毫米轨距，后成
为中国铁路建设轨距标准。1882 年，金达设计并指导中国工人，在胥

各庄修车厂利用废旧锅炉等材料，制造了只有三对动轮（没有导轮和从轮）、车长 5.7 米、牵引力 100 吨的机车，为中国第一台蒸汽机车，命名 "Rocket of China"，意为"中国火箭号"，中国工人在车身两侧各镶嵌一条金属刻制的龙，其形貌取自清王朝龙旗图案，因此又称"龙号"机车。

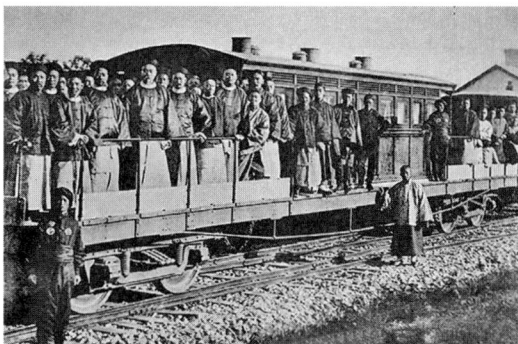

李鸿章视察唐胥铁路

1886 年，清政府设立开平铁路公司收购了唐胥铁路；1887 年，清政府将公司改组为中国铁路公司，开始自主修建和管理铁路。唐胥铁路建成之后，不断延伸，北出山海关，南下天津，成为当时的干线铁路。

唐胥铁路是中国最早的标准轨距铁路，开启了中国铁路有机械动力的篇章，后以唐胥铁路开工之日（6 月 9 日）作为中国铁路节。

陇海铁路

陇海铁路是中国甘肃省（简称陇）兰州至江苏省连云港（古称海州，简称海）的铁路，又称海兰铁路。

陇海铁路途经徐州、开封、郑州、洛阳、西安、宝鸡和天水，横贯江苏、安徽、河南、陕西、甘肃五省，全长 1759 千米；西接兰新、兰青和包兰铁路，与京沪、京九、京广、焦柳、西延、西康、宝中、宝成等铁路干线相交,是中国铁路客货运输任务最繁忙的东西干线之一,也是新亚欧大陆桥的组成部分。

陇海铁路于 1904 年开始自郑州向东西两端修建,1910 年建成河南省开封至洛阳段,1916 年通车至江苏省徐州,1925 年到海州,1934 年到连云港;西行线于 1927 年通车至河南省灵宝,1935 年到陕西省西安,1936 年到陕西省宝鸡,1945 年到甘肃省天水,1953 年建成甘肃

陇海铁路

省天水至兰州段,至此,陇海铁路全线贯通。2003 年全线建成复线,其中,郑州至兰州段实现电气化。2006 年 8 月和 2009 年 10 月,郑州至徐州段和徐州至连云港中云段分别完成电气化和提速改造,旅客列车最高运行时速达 200 千米。2009 年 11 月 11 日,中云站更名为连云港东站,陇海铁路最东端的原连云港东站同步更名为连云站。

宝成铁路

宝成铁路是中国第一条电气化铁路。

宝成铁路自陕西省宝鸡至四川省成都,途经陕西省的凤州、略阳、阳平关和四川省的广元、中坝、绵阳、德阳、广汉,全长 668.2 千米;北连陇海、宝中线,中接阳安铁路,南连成昆、成渝、成达铁路,是沟

通中国西北、西南的第一条铁路干线。

1913 年起，中国曾就山西省大同至四川省成都铁路、甘肃省天水至四川省成都铁路等进行踏勘，但终因工程艰巨而未能实现。1950 年起对甘肃省天水至陕西省略阳和陕西省宝鸡至略阳的铁路进一步勘测后，选定宝鸡至成都的铁路线路方案，并于 1952 年 7 月和 1954 年 1 月分别从成都、宝鸡两端动工兴建，1958 年元旦正式运营。

宝成铁路宝鸡至广元段地势险峻、地质构造复杂。为克服直线距离 25 千米升高 817 米的越岭高程，以 3 个马蹄形、1 个螺旋形展线进行迂回；在跨越秦岭地段采用 30‰的线路坡度和多机牵引方式，并开挖了 2363.6 米的隧道；为避开不良地质地段，线路跨越嘉陵江 16 次。

1958 年 6 月，宝成铁路开始电气化改造，拉开了中国电气化铁路建设的序幕。1961 年，宝鸡至凤州段实现电气化；1975 年 6 月，全线电气化改造完成；1999 年 12 月，阳平关至成都段建成复线。

宝成铁路是沟通中国西北与西南地区的第一条山岳铁路，为发展西南地区经济建设创造了重要条件。2018 年 1 月，宝成铁路入选第一批《中国工业遗产保护名录》。

成昆铁路

成昆铁路是中国四川省成都至云南省昆明的铁路。是中国西南地区的铁路网主骨架，中国铁路"兰昆通道"（兰州—昆明）的组成部分。

成昆铁路途经峨眉、普雄、西昌、金江和广通，全长 1091 千米；

北接宝成（宝鸡—成都）、成渝（成都—重庆）、成达（成都—达州）铁路，南连贵昆（贵州—昆明）、南昆（南京—昆明）、昆河（昆明—河口）和广大（广通—大理）铁路。该铁路曾在1958、1960、1961年3次动工3次停工，1964年9月又复工，1970年7月1日全线建成通车，1971年1月1日正式交付运营。

成昆铁路自成都起，跨过岷江、青衣江，经峨眉，沿大渡河，横贯大小凉山，十跨牛日河，八跨安宁河，过金沙江，穿越地震区，迂回跨越龙川江峡谷，穿过横断山脉抵达昆明。沿线不仅地形复杂、地势险峻，而且线路所经地区存在山坡崩坍、落石、滑坡、泥石流等各种不良地质现象，地质构造运动较活跃，全线有500多千米位于烈度7～9度地震区，建设工程十分艰巨。全线在险峻山区中7次盘山展线，桥梁和隧道总延长占线路长度的41.6%，从金口河到埃岱58千米长的线路上，就有总长达44千米的隧道群，几乎成了地下铁道。成昆铁路的修筑，为人类在复杂山区建设高标准铁路创造了成功范例。1984年，成昆铁路工程被联合国组织评为"象征20世纪人类征服自然的三大奇迹"之一；1985年，成昆铁路荣获中国国家科学技术进步奖特等奖。

成昆铁路通过地区聚集着汉、彝、藏、白、傣、傈僳等民族，农业发达，富有煤、铁、铜、铅等矿藏，森林、水力资源丰富。成昆铁路的建成，对于加强各民族团结，促进西南地区资源开发、工农业发展和国防建设具有重要作用。

成昆铁路于2000年12月全线完成电气化改造。2007年开始复线建设：2013年12月，广通北站至昆明站段投入使用；2018年1月，成都至峨眉段开通；2020 年 5 月，米易至攀枝花段开通；2022 年底，成昆铁路复线全线开通运营。

京九铁路

京九铁路是中国首都北京至香港九龙的铁路。

京九铁路纵贯北京、天津、河北、山东、河南、安徽、湖北、江西、

广东 9 省市，途经霸州、衡水、聊城、菏泽、商丘、阜阳、麻城、九江、南昌、赣州和龙川，全长 2381 千米（加上天津至霸州和麻城至武汉的联络线，则

京九铁路菏商段开通（1994 年 8 月 12 日）

总长达 2535.6 千米），是中国铁路网中最长的南北通道。

京九铁路北接丰沙（北京丰台—河北沙城）、京包（北京—包头）、京秦（北京—秦皇岛）、京原（北京—原平）等铁路干线，南连广深（广州—深圳）、龙梅（龙岩）铁路，与朔黄（神池—黄骅港）、石德（石家庄—德州）、邯济（邯郸—济南）、新菏（新乡—菏泽）、陇海（兰州—连云港）、浙赣（杭州—株洲）等多条铁路干线相交。1993 年全面开工，1996 年开通运营，除北京至向塘和天津至霸州的联络线一次建成双线

外，其余为单线，是当时中国铁路建设史上规模最大、投资最多、一次建成里程最长的铁路干线。1999 年，向塘至龙川段复线建成；2003 年1 月 10 日，龙川至东莞东段复线建成，自此，京九铁路全线建成复线。

京九铁路自 2008 年开始分时分段实施电气化改造。2009 年 12 月，北线（北京西至向塘西段）改造完成；2012 年 12 月，南线（向塘西至东莞段）改造完成。全线实现电气化后，运输能力提高了 30% 以上，有效缓解了京九大通道运力紧张的局面，促进了中部地区与环渤海、珠三角经济区的社会和经济交流。

成渝铁路

成渝铁路是中国四川省成都至重庆的单线铁路。

成渝铁路是西南铁路网的重要干线，也是中华人民共和国成立后建设的第一条单线铁路，途经四川省简阳、资阳、资中、内江、永川和江津，全长 505 千米；西接宝成（宝鸡—成都）、成昆（成都—昆明）铁路，东接川黔（重庆—贵阳）、襄渝（襄阳—重庆）铁路和长江航运。1903年，清政府就有修建川汉铁路之议，即成渝铁路西段，但在 1949 年前只完成了少量的土石方和桥梁工程，未铺一根钢轨。1950 年 6 月 15 日，成渝铁路开工，1952 年 6 月 13 日竣工，1953 年 7 月 30 日正式交付运营。

成渝铁路的修通，结束了四川省没有铁路的历史。成渝铁路与湘桂铁路、宝成铁路同为中华人民共和国成立伊始的三大铁路新线建设工程。成渝铁路通车后，铁路运输量上升很快，经济效益明显。为满足不断增长的运输需求，20 世纪 80 年代中期对成渝铁路进行了电气化改造，改造后的成渝铁路由 II 级铁路升为 I 级铁路。

大秦铁路

大秦铁路是中国山西省大同至河北省秦皇岛的铁路，是中国第一条复线电气化重载铁路。

◆ 建设概况

大秦铁路途经山西省阳高，河北省的阳原、涿鹿、怀来（沙城），北京市的延庆、怀柔、平谷，天津市蓟州，河北省的玉田、丰润、迁安、抚宁，全长 653 千米；西接同蒲（大同—蒲州）铁路，东连京山（北京—山海关）、沈山（沈阳—山海关）铁路，并与京通（北京—通辽）、京承（北京—承德）、津蓟（天津—蓟州）铁路相交。

大秦铁路第一期工程韩家岭站至大石庄站，1985 年开工，1988 年 12 月开通试运煤，正线长 410.8 千米。第二期工程大石庄至秦皇岛煤港，1989 年开工，1991 年 11 月 14 日竣工，正线长 242.2 千米。1985 年 10 月，在大同东站建成与大秦铁路配套的中国第一个重载组合列车场。

◆ 主要技术

2003 年起，大秦铁路持续进行重载铁路技术创新和铁路扩能改造，不断提升机车车辆及装备的技术水平。针对大秦铁路地处山区，隧道多、坡道长，长大坡道开行重载列车的特殊复杂性，在世界铁路重载运输领域率先实现了同步操控技术（Locotrol）与 GSM-R 通信平台的融合，实现了牵引 2 万吨重载列车的 4 台机车无线同步操作以及机车、车站、调度员之间的实时语音通信；采用 DJ1 型大功率交－直－交电力机车和自主研发的 C76、C80、C80B 型等重载专用车辆，满足逐步增长的运输需求；陆续安装了铁路货车运行故障动态图像检测系统（TFDS）、铁路货车滚动轴承早期故障轨边声学诊断系统（TADS）、铁路车辆轴温智能探测系统（THDS）、铁路车辆运行品质轨边动态监测系统（TPDS），以保障列车运行安全。

2002 年，大秦铁路煤炭运量突破 1 亿吨设计能力；2003 年 9 月，正式开行 1 万吨重载列车；2006 年 3 月，正式开行 2 万吨重载组合列车；2010 年，煤炭运量突破 4 亿吨，2014 年，超过 4.5 亿吨；2014

大秦铁路河北省张家口市宣化区王家湾段

年，大秦铁路开行 3 万吨重载列车运行试验取得圆满成功，标志着中国成为世界上掌握 3 万吨铁路重载技术的少数国家之一。

◆ **作用及影响**

大秦铁路享有"中国重载运输第一路"的美誉，对开发山西煤炭基地，解决内蒙古、宁夏地区原煤外运，增加华北、东北、华东等地的煤炭供应发挥着重要作用，是国家"西煤东运"最重要的战略通道。

青藏铁路

青藏铁路是中国青海至西藏的铁路，是世界上海拔最高、线路最长的高原铁路。

◆ 建设概况

青藏铁路始于中国青海省西宁市终于西藏自治区拉萨市，全长 1956 千米。按修建时间，可分为西宁—格尔木和格尔木—拉萨两段线路。青藏铁路西宁—格尔木段沿途经过海藏通衢、湟水峡谷、青海湖畔、天峻草原、关角隧道和 800 里瀚海的柴达木盆地，全长 814 千米，平均海拔在 3000 米以上，其中长 4010 米的关角隧道海拔最高为 3690 米。该段线路 1958 年 9 月开工，1961 ～ 1973 年停工，1974 年恢复施工，1979 年 9 月 15 日建成，1984 年 5 月 1 日通车运营。建成初期为单线，设 43 个车站，主要车站有湟源、海晏、哈尔盖、德令哈等。线路的关键工程主要有：一是在地质复杂、断层切割、岩石破碎、地下裂隙水发育的关角建成了当时中国铁路海拔最高的隧道；二是在察尔汗的盐湖、饱和粉细振动液化地段和盐湖溶洞等地段修筑了 89 千米的盐湖路基。2007 年 9 月开始，对该段线路实施增建二线和电气化改造工程；2014 年 12 月 28 日，平均海拔 3500 米、长 32.69 千米的两座平行单线隧道——新关角隧道建成通车。新建二线及电气化改造后的西宁—格尔木段设 25 个车站，旅客列车的最高运行时速为 160 千米。

青藏铁路格尔木—拉萨段全长 1142 千米，单线内燃牵引；2001 年 6 月 29 日开工建设，2006 年 7 月 1 日开通运营。线路通过昆仑山、唐古拉山、念青唐古拉山等山脉，跨越柴达木内陆河、长江、扎加藏布江内陆河、怒江、雅鲁藏布江等水系，海拔4000米以上地段有965千米；设计有58个车站，初期开通43个车站，主要车站有纳赤台、五道梁、沱沱河、雁石坪、唐古拉（全线海拔最高点5072千米）、安多、那曲、当雄、羊八井等。该段线路经过昆仑山北麓西大滩至安多谷地间550千米长的地段，平均海拔在4500米以上，为中低纬度地带冻土分布面积最广、厚度最大、海拔最高、类型最多、地质条件极为复杂的多年冻土区；沿线自然环境恶劣，低气压、低氧分压（空气中含氧量相当于平原地区的60%），气候寒冷干旱，太阳紫外线辐射强烈，大风、雾、沙暴、雷暴、冰雹时有发生，且处于鼠疫自然疫源地；此外，线路还经过荒漠、草原、草甸、湿地、灌丛等高原高寒生态系统之地，以及可可西里和三江源国家级自然保护区，沿线分布有多种类珍稀野生动物栖息地，生态环境原始、脆弱、敏感。因此，工程建设面临"多年冻土，高寒缺氧，生态脆弱"世界铁路建设罕见的重大难题。

20世纪70年代以来，中国组织科技力量在青藏高原长期坚持开展多年冻土观测研究、高原医学研究和环境保护研究，在全面展开格尔木—拉萨段铁路施工之前建设了冻土工程试验段，确立了"主动降温、冷却地基、保护冻土"的设计思想，以及成套的冻土工程措施，并优化冻土工程施工工艺，有效保证了多年冻土工程的安全与稳定。在青藏铁路的工程建设中，建立了覆盖全线、较为完备的卫生保障体系，实施了一系列严格有效的高原病、鼠疫病防治措施，实现了高海拔、特大群体、长期作业高原病零死亡、鼠疫零传播的目标；安排了高原高寒植被恢复与再造、野生动物迁徙通道、自然景观保护、污水处理以及固体废弃物处置等工程，实现了多年冻土环境得到有效保护、江河源水质不受污染、野生动物迁徙不受影响、铁路两侧景观不受破坏的建设具有高原特色生态环保型铁路的目标。格拉段建设了中国铁路第一个 GSM-R 数字移动通信系统；有线无线相融合的列车调度通信系统；利用卫星导航系统对列车实时定位，以数字移动通信系统传输列车运行控制信息的列车运行控制系统；分散自律调度集中系统；35 千伏电力线路长大距离供电，最长供电距离达 350 千米，是正常供电距离的 4 倍；开行了供氧旅客列车。列车运行时速在冻土区为 100 千米，非冻土区为 120 千米。为满足日益增长的客货运输需要，2015 年 12 月对该段铁路实施扩能改造工程，2018 年 8 月竣工，58 个车站全部开通。

青藏铁路唐古拉车站

青藏铁路获 2008 年度中国国家科学技术进步奖特等奖。青藏铁路的建成通车，结束了西藏自治区不通火车的历史，显著促进了经济社会发展和科学技术的进步，显著提高了进出藏客货运输的速度，降低了交通费用和物流成本，促进了西藏产业结构的调整以及西藏和内地的文化交流，特别是促进了西藏旅游业的发展，提高了西藏居民的生活水平，提升了西藏地区经济生产总值的增长速度。青藏铁路为西藏地区铁路网建设和综合交通运输体系的发展奠定了基础，为巩固国防极大地提高了部队的机动和后勤保障能力。青藏铁路对建立高原铁路技术体系、高原冻土区工程建设、高原医学和高原环境保护等方面的科技进步具有明显的促进作用。

秦沈客运专线

秦沈客运专线是中国河北省秦皇岛至辽宁省沈阳的铁路，是中国第一条铁路客运专线，也是中国第一条高速铁路。简称秦沈客专。

◆ 建设概况

20 世纪 90 年代，中国铁路为解决进出山海关客货运输的紧张状况，基于客货分线运输理念，实施国家科技攻关和时速 200 千米客运专线重大装备计划，在长期组织开展高速铁路科技攻关，广深准高速铁路建成通车和铁路大提速成功实践的基础上，通过充分论证，决定建设秦沈客运专线。秦沈客运专线线下、线上工程分别按时速 250 千米、200 千米设计，将山海关至绥中北站间 66.8 千米地势较为平坦地段设计为时速 300 千米的高速铁路试验段。

秦沈客运专线的线路走向基本与既有京沈铁路北段平行，途经山海关、绥中、兴城、葫芦岛、锦州、凌海、北宁、盘山、盘锦、台安、辽中和新民等 12 个市（县、区），全长 404.6 千米，设有秦皇岛、山海关、北戴河、辽中、沈阳北等 15 个车站。1999 年 8 月 16 日开工建设，2002 年 6 月 16 日全线铺通，2003 年 10 月 12 日正式运营。

◆ 创新技术

秦沈客运专线按高速铁路理念开展设计和组织施工，设计标准新、质量要求高。全线一次性铺设超长跨区间无缝钢轨，采用 18 号、38 号可动心轨无缝道岔，在路基基床表层增设 0.6 米级配碎石，路桥过渡段采用梯型级配碎石，在桥梁上铺设无砟轨道，预制双线及单线整孔预应力混凝土箱梁，研制 600 吨架桥机运架混凝土箱梁、混凝土刚构连续梁；接触网采用铜镁合金导线提升受流性能，牵引变电所实现远动控制和自诊断；取消区间地面通过信号机，以车载速度显示作为行车凭证等新产品、新技术、新工艺，开创了中国铁路建设之先河。

秦沈客运专线建设期间分别于 2001 年 12 月、2002 年 9 月、2002 年 11～12 月在山绥试验段和全线组织进行了 3 次大规模实车综合试验，对轨道、道岔、路基、桥梁、路桥过渡段、涵洞、接触网、机车车辆和通信信号等进行了全面试验。中国自主研制的"先锋号"动力分散电动车组和"中华之星"动力集中电动车组先后在运行试验中创造了时速 292 千米和 321.5 千米的试验记录，"中华之星"创造了当时中国铁路的最高试验速度。

"中华之星"电动车组行驶在秦沈客运专线上

◆ 作用及影响

秦沈客运专线在秦皇岛与京山（北京—山海关）、京秦（北京—秦皇岛）、大秦（大同—秦皇岛）等铁路相连，在沈阳与哈大（哈尔滨—大连）、沈吉（沈阳—吉林）、沈丹（沈阳—丹东）等铁路相接。它的建成和通车运营开创了中国铁路运输客货分流的模式，提高了客货列车通过能力，有效缓解了进出关铁路运力紧张的状况，对优化区域资源配置、带动高新技术产业发展、促进沿线及区域间经济一体化具有重要意义。同时，为大规模建设高速铁路积累了设计、施工和装备制造经验。

京沪高速铁路

京沪高速铁路是中国北京至上海的高速铁路，简称京沪高铁。

◆ **建设概况**

京沪高速铁路的线路自北京南站引出，贯穿北京、天津、上海 3 个直辖市和河北、山东、安徽、江苏四省，终到上海虹桥站，全长 1318 千米，设计时速 350 千米。2008 年 1 月开工建设，2011 年 6 月 30 日投入运营，2017 年 9 月 21 日起，采用"复兴号"动车组实现时速 350 千米运营。京沪高速铁路全线共设 24 个车站，其中，北京南站、天津西站、济南西站、南京南站、上海虹桥站为始发终到站，天津南站、徐州东站、蚌埠南站等

京沪高速铁路开通运营（2011 年 6 月 30 日）

19 个车站为中间站。京沪高速铁路所经区域人口稠密，城镇密布，是中国社会经济发展最活跃的地区之一，京沪高速铁路也是中国最繁忙的铁路干线之一。

京沪高铁全线共有桥梁 288 座，总长度 1059.7 千米，占线路总长 80.4%，梁型以简支箱梁为主，占桥梁总长的 90.1%；路基总长度 242.5 千米；轨道以 CRTS II 型板式无砟轨道为主；隧道 21 座，总长度 15.8 千米。京沪高速铁路正线跨越黄河和长江，各桥的主桥均采用了大跨度钢桁梁。南京大胜关长江大桥为世界首座六线（包括搭载的双线地铁）铁路大桥，跨水面正桥长 1615 米，主桥上部结构采用（108+192+336+336+192+108）米六跨连续钢桁拱桥，三桁承重结构；济南黄河特大桥为四线铁路桥，是当时亚洲跨度最大的桥梁，大桥的主桥长 5143 米，主桥上部结构采用（112+3×168+112）米五跨连续钢桁拱桥，在中跨设置加劲拱以加大中跨结构的刚度。

2010 年 11 月 9 日至 2011 年 5 月 5 日，在京沪高速铁路先导段（枣庄西—徐州东）开展了高速综合试验，系统进行了时速 350 千米以上高速铁路技术的探索实践和科学研究，取得了一系列创新成果。

◆ **作用及影响**

京沪高速铁路是当时世界上一次性建成里程最长、速度最快、标准最高的高速铁路。作为中国重大基础交通工程，是中国铁路发展史上的重要里程碑，对国民经济和社会发展意义重大，影响深远。京沪高速铁路获 2015 年度中国国家科学技术进步特等奖。

哈大高速铁路

哈大高速铁路是中国黑龙江省哈尔滨至辽宁省大连的高速铁路，简称哈大高铁。

◆ 建设概况

哈大高速铁路位于中国东北地区的中轴线上，纵贯东北三省，北起黑龙江省哈尔滨，经吉林省的松原、长春、四平，辽宁省的铁岭、沈阳、辽阳、鞍山、营口，南至滨海城市大连。2007 年 8 月 23 日开工建设，2012 年 12 月 1 日开通运营，线路全长 921 千米。

◆ 重点技术

哈大高速铁路是中国乃至世界在严寒地区修建的第一条高速铁路，设计速度 350 千米 / 时，沿线冬季最低温度在零下 40° 左右，最大积雪厚度达 30 厘米，最大冻结深度达 205 厘米，沿线分布有季节性冻土及大量松软土地基。在铁路建设过程中，采取了在路基冻结深度范围内填筑非冻胀性材料，在路基高度小于季节冻深的地段设置降水设施，低路堤地段设防冻胀护道等一系列措施，有效解决路基冻胀问题。为探索和积累高寒地区高速铁路的运营管理经验，同时增加安全冗余，在哈大高速铁路运营初期，实行冬、夏季两张列车运行图，即每年的 12 月 1 日至次年的 3 月 31 日列车

哈大高速铁路

按时速 200 千米开行，每年的 4 月 1 日至 11 月 30 日列车按时速 300 千米开行，并实行与两个速度等级相对应的票价。经过 3 年时间的运营实践及试验验证，哈大高速铁路自 2015 年 12 月 1 日起，实行"全年一张图"，列车运营时速为 300 千米。

哈大高速铁路是中国"四纵四横"快速铁路网的重要组成部分，纵贯黑龙江、吉林、辽宁三省，全线设 24 个车站，营运里程 921 千米，基础设施建设满足时速 350 千米列车开行需求。

◆ 作用及影响

作为连接东北三省的交通大动脉，哈大高速铁路的建成通车优化了东北地区的交通网络格局，缩短了东北地区主要城市之间、东北与其他地区之间的时空距离，大大缓解了既有哈大铁路运输能力紧张的问题，最大限度满足了关系国计民生的煤炭、石油、粮食等重点物资的运输需要，进一步推动了东北区域内的城市化和工业化发展。

兰新高速铁路

兰新高速铁路是中国甘肃省兰州至新疆维吾尔自治区乌鲁木齐的高速铁路，是中国西部干旱风沙区域修建的首条高速铁路，是连接新疆与中国内地的大动脉。简称兰新高铁，又称兰新铁路第二双线。

◆ 建设概况

兰新高速铁路横贯中国西北的甘肃、青海、新疆三省区，全长 1776 千米，其中甘肃境内正线长 799 千米，青海境内 267 千米，新疆境内 710 千米。线路东起甘肃兰州，与徐兰（徐州—兰州）高速铁路相接，经青海的西宁，甘肃的张掖、酒泉、嘉峪关，新疆的哈密、吐鲁番，西至新疆乌鲁木齐，最高设计时速 250 千米。全线共设 22 个车站，自东向西主要有兰州西站、西宁站、张掖西站、嘉峪关南站、哈密站、吐鲁番北站、乌鲁木齐站等。

正线桥梁总计 455 座，总长 414.35 千米，占线路总长度的 23.3%。隧道 64座，总长 187.16 千米，约占线路总长的 10.5%。

兰新高速铁路

◆ 技术及线路

兰新高速铁路于 2009 年 11 月 4 日开工建设，穿越沙漠、戈壁地区，途经甘肃境内的安西风区，以及新疆境内的烟墩风区、百里风区、三十里风区、达坂风区等，风区总长度达 579 千米。其中，百里风区和三十里风区的最大风速达 60 米 / 秒，且局部地区每年有 200 天风力在 8 级以上，是全球风力最强劲的内陆地区之一，大风及其携带的砂砾是兰新高速铁路设计、施工及运营所面临的主要技术难题之一。通过对沿线路基、防风明洞、桥梁开展数值模拟和风动试验，采用"监、防、抗、避、限"五大技术措施，最大限度地解决了大风对铁路运输的干扰，确保列车安全高速穿越大风区。兰新高速铁路的新疆段（哈密站—乌鲁木齐南站，全长 530 千米）于 2014 年 11 月 16 日先开通运营，全线于 2014 年12 月 26 日开通运营。

◆ **作用及影响**

兰新高速铁路的建成通车为新疆增加了一条大运力的出入疆通道。加之对既有兰新普速铁路的扩能改造,新疆的煤炭外运能力得到大幅度提升,内地的工业品可以更多地进入新疆。兰新高速铁路和兰新普速铁路相辅相成,既满足了人们的出行需要,又拓宽了沿线三省区及中亚等地煤炭、棉花、瓜果等优势资源的运输通道,使资源优势尽快转化为经济优势,加快了中国西部大开发的进程;同时对增进民族团结、加快边疆经济发展等都有着极其重要的意义。

2017年7月9日,徐兰客运专线西段宝兰高速铁路建成通车。自此,兰新高速铁路融入中国高速铁路网。

海南环岛高速铁路

海南环岛高速铁路是连接中国海南省海口至三亚的环线高速铁路,是中国第一条热带海洋地区修建的高速铁路。简称海南环岛高铁。

◆ **建设概况**

海南环岛高速铁路由海南东环铁路和海南西环铁路组成。海南东环铁路于2007年9月29日开工建设,2010年12月30日开通运营;海南西环铁路于2012年9月28日开工建设,2015年12月30日开通运营。

◆ **技术及线路**

海南东环铁路北起海口市,南至三亚市,途径文昌、琼海、万宁和陵水四市县,长308千米,为时速250千米的客运专线;海南西环铁路自海口站引出后，沿西部海岸线行走，濒临北部湾，向西经老城、临高、洋浦、东方、崖城等，接入海南东环铁路三亚站，长 345 千米，为时速 200 千米的 I 级客货共线铁路。海南环岛高速铁路贯穿海南省沿海的 12 个市县，设 30 个车站，其中海南东环铁路设 15 个车站，海南西环铁路除海口站和三亚站外，

驰骋在海南环岛高铁上的动车

另设 15 个车站，主要有福山镇站、银滩站、金月湾站、凤凰机场站等。

　　海南岛属热带海洋季风气候，热带风暴和台风频繁，具有高温、高湿、高盐、高烈度、强台风、强降雨、强腐蚀的特点。在海南环岛高速铁路建设中，开展了多项技术创新，提升了工程结构物的防腐蚀性、耐久性以及接触网防雷等性能。例如，在路基工程中，通过对花岗岩全风化层地基进行加固设计，有效控制了地基沉降；桥梁工程中，针对严重腐蚀环境下的桥梁墩身承台，提出了"大掺量矿物掺和料混凝土 + 高效阻锈剂"和"低胶凝材料混凝土 + 结构表面强化 + 表面涂装或表面憎水"技术，提高了承台的耐久性和防腐蚀性；接触网方面，采用将回流线安装在支柱顶部兼作避雷线的防雷设计方案，解决了供电系统的防雷问题。

　　◆ **作用及影响**

　　海南环岛高速铁路的开通运营，进一步完善了海南省的交通基础设

施，满足了不断增长的客货运输需求，对于优化海南省的产业布局和带动区域经济协调发展具有重要意义。

京津城际铁路

京津城际铁路是中国北京至天津的城际铁路，是中国首条按照最高运行速度 350 千米 / 时设计并建设和运营的高速铁路。

◆ 建设概况

作为配合 2008 年北京奥运会的重点工程，京津城际铁路于 2005 年 7 月开工建设，2008 年 8 月 1 日开通运营。全长 120 千米，设北京南站、亦庄站、永乐站、武清站、天津站共 5 个车站。

◆ 技术及线路

京津城际铁路区间正线首次采用了 CRTS II 型板式无砟轨道结构；针对沿线软土与松软土地基，采用了管桩、钻孔灌注桩、水泥粉煤灰碎石桩等进行加固处理；全线桥梁累计长 101 千米，占正线全长的 84.2%，主要采用 32 米双线简支箱梁。

为促进天津滨海新区的发展，打通北京与天津市区的快捷运输通道，2009 年 1 月开工建设京津城际铁路延伸线，其正

一列动车行驶在京津城际铁路上

线全长 44.75 千米，设计速度 350 千米 / 时，线路自天津站城际场引出，沿途经军粮城北站、塘沽站，最终抵达坐落于天津滨海新区商务核心区的于家堡站。该延伸线于 2015 年 9 月 20 日起正式开通运营。

◆ **作用及影响**

京津城际铁路的开通，使北京与天津之间形成了半小时经济圈，加速了两地人员流动，促进了区域间资源共享和优化配置，以及两地的同城化和一体化，与京沪、京广高速铁路一起对推动京津冀协同发展发挥了重要作用。

京津城际铁路作为中国高速铁路建设的示范性和标志性工程，以及京沪高速铁路的独立综合试验段，为探索构建中国高速铁路的建设管理和技术标准体系积累了宝贵经验。

粤海铁路

粤海铁路是始于中国广东省湛江，经海南省海口、儋州，终到三亚的普速铁路，是中国第一条跨海铁路。

◆ **建设概况**

粤海铁路全长 526 千米，其中新建线路 345 千米，1998 年 8 月开工建设，2004 年 12 月全线开通客运。包括"两线一渡"，即广东省境内的湛江至海安镇铁路（湛海线，139 千米）、琼州海峡铁路轮渡（包括陆上线路共 24 千米）和海南省境内的海口至叉河铁路（西环线，182 千米），以及海南既有的叉河至三亚铁路。为便于列车上下渡船，在港

口设铁路待渡场和铁路栈桥，待渡场用于完成列车的技术作业和航渡前

后列车的编解作业。铁路栈桥是连接待渡场与渡船的关键，列车从待渡场解编分组后经由栈桥上渡船，或从渡船经由栈桥到待渡场进行再次编组。

粤海铁路南港码头

◆ **技术及线路**

粤海铁路"两线一渡"中的"渡"即运载铁路列车过琼州海峡的渡船，为整条铁路的特色。截至 2018 年 5 月，在粤海铁路服役的渡船有粤海 1 ～ 4 号。其中，于 2001 年 11 月开工建造、2003 年 1 月 7 日投入使用的粤海 1 号渡船是中国自行设计、自行建造的第一条跨海火车渡船，其设计时速 15 海里，船长 165 米、宽 23 米、排水量 1.34 万吨、载重量 5600 吨，可同时运输 40 辆铁路货车或 18 辆铁路客车、50 辆汽车和 1000 余名旅客。渡船从下到上的三层甲板分别用于装载火车、汽车和旅客，火车甲板设置有 4 条轨道。渡船配置了抗侧倾斜系统、黑匣子等装置，抵抗风级达到 8 级。2003 年 6 月，设计构造、性能同粤海 1 号的粤海 2 号渡船正式运营，实现了两船对开，提升了粤海铁路运输能力。2011 年，先后投入运营的粤海 3 号和粤海 4 号渡船在顶面设有直升机起降平台，增加了卫星导航系统、船舶机舱自动化网络监控系统等，大幅提升了粤海铁路渡船的性能、航速、抗风及安全保障能力。

栈桥包括海口港（南港）栈桥和海安港（北港）栈桥。南港栈桥是

中国首座自行设计、建造的跨海铁路栈桥，其一端连接海南大地、另一端悬浮于琼州海峡，宽 22 米，与渡船对应设置有 4 条股道。为保证列车平稳上下渡船，一方面渡船配备侧推装置实现船舶"横移"，加之码头侧的防碰垫保障渡船与作业泊位水平精准对接；另一方面栈桥的升降机构可根据渡船吃水深度变化、海面水位变化以及预测列车通过状态对桥面进行调节，使得甲板、栈桥、陆地铁轨处于同一平面。火车上渡船后，采用过渡车钩、铁鞋、绑扎铁链、垂直螺杆支撑器等固定方式将其牢牢固定，并利用渡船减摇—抗横倾系统最大可能地减少船舶摇摆，保障列车平稳过渡。

◆ **作用及影响**

粤海铁路集水运、铁路、集装化运输于一身，车船直接衔接，有利于发挥综合优势，整体作业时间短、物流周转快、效率高；相对于海底隧道、桥梁建设方案，轮渡具有建设周期短、成本低、运量大的优势。作为连接中国内陆与海南岛的第一条铁路，粤海铁路对于发展海南省旅游业、促进海南省社会经济发展具有积极作用。

蒙内铁路

蒙内铁路是连接东非最大港口城市蒙巴萨和肯尼亚首都内罗毕的铁路。全称肯尼亚蒙巴萨至内罗毕新建标准轨距铁路，是肯尼亚境内的一条客货共线干线铁路。

◆ **背景及概况**

蒙内铁路呈东南至西北走向，途经马里亚卡尼、沃伊、姆蒂托安代、埃马利、苏丹哈穆德、阿西河等重要城镇，全长 471.65 千米，共设置 33 个车站（2 个区段站、7 个中间站、24 个会让站），全线共有桥梁 98 座。于 2014 年 9 月正式开工，2017 年 5 月 31 日建成通车。

此项目作为中非合作、"一带一路"建设的重点项目和肯尼亚实现 2030 年国家远景规划的旗舰项目，是肯尼亚自 1963 年独立以来最大的基础设施建设项目和首条铁路项目，采用"中国标准、中国技术、中国装备、中国管理"的建设方式。

◆ **设计及线路**

蒙内铁路为客货共线的单线铁路，采用中国 I 级铁路标准设计。年运量为 2500 万吨，旅客列车设计时速为 120 千米，货物列车设计时速为 80 千米，采用有砟道床、有缝线路，最小曲线半径为一般地段 1200 米、困难地段 800 米，限制坡度为 12‰，轴重 25 吨，牵引种类为内燃（预留电气化），牵引质量为 4000 吨，闭塞类型为自动站间闭塞，建筑限界为双层集装箱运输基本建筑限界。

一列特快客运服务列车行驶在蒙内铁路上

蒙内铁路有 120 千米线路穿越世界最大的野生动物国家公园——察沃国家公园，并从内罗毕国家公园边缘地带穿越十几千米，这对环境保护提出了更加严格的要求。根据肯尼亚野生动物保护局提供的动物行走路线，蒙内铁路专门设置了14处野生动物通道，另有500余座涵洞和60余座桥梁也可供动物通行。为了照顾长颈鹿通行，野生动物通道高度大多超过7米。另外在铁路沿线设置了防护栅栏，防止动物穿行铁路。

◆ **作用及影响**

蒙内铁路打开了蒙巴萨与内罗毕之间的运输新通道，物流成本可以降低40%，成为肯尼亚国家经济发展的新引擎。两地之间原有的米轨铁路建于1902年英属殖民地时代，年久失修。蒙内铁路建成之前，蒙巴萨至内罗毕的旅客列车需运行15～20小时，年货运量只有100万～150万吨，不及蒙巴萨港货物吞吐量的6%。蒙内铁路建成后，两地的旅行时间缩短为4小时40分。

作为东非铁路网的起始段和开篇之作，推动了东非地区铁路的互联互通和一体化建设，进而促进东非各国社会经济发展。

美国横贯大陆铁路

美国横贯大陆铁路是从大西洋沿岸的美国纽约市通往太平洋沿岸的圣弗朗西斯科（旧金山）市的铁路。全长4850千米。

19世纪中叶，美国开始较大规模地开发西部地区。1862年，美国国会通过了第一部《太平洋铁路法案》，根据该法案的授权，联合太平洋铁路公司（Union Pacific Railroad Company）从密苏里河西岸的奥马哈城向西修建铁路，经内布拉斯加州、怀俄明州抵达犹他州；中央太平洋铁路公司（Central Pacific Railroad Company）从加利福尼亚州首府萨克拉门托向东修建铁路。这两条铁路于 1869 年 5 月 10 日在犹他州的普罗蒙特里接轨，为了纪念接轨成功，最后一根道钉使用了金质道钉，并用镀银的铁锤将它钉入轨道。此后，又建成了萨克拉门托到旧金山段的铁路，从奥马哈城到太平洋沿岸铁路通车，长达 2880 千米。在

美国横贯大陆铁路

此期间，纽约中央铁路公司和宾夕法尼亚铁路公司整顿了奥马哈城到纽约的铁路，从而使横贯美国大陆的铁路全线通车。

　　美国横贯大陆铁路作为连接美国大陆东西重要城市的交通干线，它的修建促使美国大批移民西迁，进而促进了美国西部的城市化进程，加速了美国铁路网的建成，方便了美国内外贸易，为美国战后经济发展提供了动力。

西伯利亚铁路

　　西伯利亚铁路是横贯俄罗斯西伯利亚的铁路，是当今世界上最长的铁路。

　　西伯利亚铁路西起乌拉尔山以东的车里雅宾斯克，东至太平洋沿岸的符拉迪沃斯托克（海参崴），途经鄂木斯克、新西伯利亚、克拉斯诺

亚尔斯克、伊尔库茨克、赤塔、哈巴罗夫斯克（伯力）等，全长9288千米。将俄罗斯的欧洲部分与西伯利亚、远东地区连接起来，被称为俄罗斯的"脊柱"、连接欧亚文明的纽带，对俄罗斯乃至欧亚两大洲的经济、文化交流产生了举足轻重的影响。

西伯利亚铁路穿越松树林地带、乌拉尔山脉、面积辽阔的永久性冻土地带以及密布的河流与湖泊等，地形复杂，工程量大，分别于1891年、1892年从符拉迪沃斯托克（海参崴）和车里雅宾斯克开始对向修建，1904年开始通车，收尾工程延续到1916年。西伯利亚铁路为宽轨铁路，轨距1524毫米。20世纪30年代完成全部复线工程，40年代开始进行电气化改造，至70年代中期，从车里雅宾斯克到赤塔以东的卡雷姆斯科耶的全部线路都实现了电气化。

西伯利亚铁路的修建对西伯利亚产生深远影响，最显著的变化是人口的迅猛增长。1863年时，西伯利亚人口仅为286万，至1914年已达962万，按照西伯利亚编年史学家D.特雷德戈尔德（Donald Treadgold）的说法，除了19世纪大批欧洲人前往美国之外，西伯利亚移民是当时人类历史上最大规模的移民。其次，为西伯利亚地区经济和工业的发展奠定了基础，主要表现在采掘工业发展势头强劲，冶金工业出现短暂繁荣，农牧产品加工工业异军突起。

西伯利亚铁路（明信片）

再次，加快了西伯利亚地区的城镇化进程，加大了地区间的不平衡，加深了西伯利亚的殖民化程度。

为了开发西伯利亚北部的资源，苏联决定修建一条贝加尔地区勒拿到阿穆尔地区共青城的铁路，简称贝阿铁路。该铁路穿越山脉、河流、沼泽地、原始森林以及地震活动高发地等，全长3145千米，途经查腊、滕达、乌尔加尔等地，工程艰巨。于1974年1月动工，1984年10月竣工，1985年正式运营。贝阿铁路连同勒拿到西伯利亚铁路的泰谢特站以及从共青城通往苏维埃港的两段铁路，全长4350千米，称为第二西伯利亚铁路。

坦赞铁路

坦赞铁路是连接东非与中南非的铁路干线。东起坦桑尼亚首都达累斯萨拉姆库拉希尼港，走向由东北向西南，终至赞比亚的新卡比里姆博希。

坦赞铁路全长1860.543千米，其中坦桑尼亚境内975.911千米，赞比亚境内884.632千米。全线共设93个车站，主要车站有达累斯萨拉姆、基夫鲁、基洞达、基达杜、伊法卡拉、姆林巴、马坎巴科、姆贝亚、通杜马、求仔、马卡萨、恩赛卢卡、卡萨马、谦比西、姆皮卡、鲁西瓦西、塞伦杰、新卡比里姆博希等，在姆林巴和马坎巴科间有150千米跨越世界上最长的裂谷——东非大裂谷。该铁路正线为单线，轨距1067毫米，铺设45千克/米钢轨，混凝土轨枕，设计最大坡度为20‰，最小曲线半径200米。全线有隧道22座，延长8.8千米，大多集中在坦桑尼亚境内的姆林巴—马坎巴科间；桥梁 318 座，延长 25.9 千米。初期铁路货物输送能力为每年 200 万吨。

坦赞铁路是中华人民共和国成立后实施的规模最大的成套援外项目之一。中国政府于 1965 年 8 月和 1967 年 12 月先后派遣两个铁路考察小组分别对坦桑尼亚、赞比亚两国进行现场考察。1967 年 9 月 5 日，中国、坦桑尼亚、赞比亚签署了坦赞铁路协定。1968 年，全线勘测设计工作同时在坦桑尼亚和赞比亚展开。1970 年，提出了《坦赞铁路勘测设计报告》。1970 年 10 月 26 日和 28 日分别在起点和终点举行开工典礼。1971 年 2 月开始铺轨，1975 年 6 月全线铺通，1975 年 10 月建成并运营，1976 年 7 月 16 日正式移交给坦桑尼亚、赞比亚两国政府。

坦赞铁路为非洲国家打破种族隔离制度封锁、推进民族独立和解放发挥了巨大作用，被非洲人民称为"自由之路""友谊之路"，成为中非友好的历史见证，在中非关系史上树立了一座不朽的丰碑。

日本新干线

日本新干线是指日本的高速铁路干线。

20 世纪 50 年代初，日本经济进入战后复苏期，既有铁路的运输能力不能满足需求。为增强东京—大阪铁路的运输能力，日本于 1959 年 4 月开工新建采用标准轨距（1435 毫米）的东海道铁路，并于 1964 年 10 月 1 日正式运营，被称为东海道新干线。

东海道新干线全长 515.4 千米，采用了当时世界最先进的列车自动控制（ATC）和列车集中控制（CTC）技术；列车最高运行速度达 210 千米 / 时，后续继续提速，使得从东京到大阪的乘车时间由原来普速铁路的 6 小时 30 分钟缩短至 2 小时 30 分钟。东海道新干线开创了高速铁路新纪元，创造了全球铁路与航空竞争中首次取胜的记录；其开通运营后，平均每天运送旅客 36 万人次，年运量达 1.2 亿人次，缓和了京畿和东海道地区紧张的运输状况，获得了可观的经济和社会效益。

　　东海道新干线以安全快速、准点舒适、大运量、全天候、节能环保等优点赢得了广泛赞誉和支持。1969 年，日本出台了新的全国综合开发规划，提出了建设全国新干线网的构想。1971 年，日本国会审议通过了《全国铁道新干线建设法》，以法律形式确定了新干线整体规划方案。1975 年 3 月 10 日，山阳新干线（大阪—博多）开通运营，全长 553.7 千米；此后，1982 年东北新干线（大宫—盛冈）、上越新干线（大宫—新潟），1985 年东北新干线延长线（盛冈—青森），1997 年长野新干线（高崎—长野），2003 年九州新干线，2016 年北海道新干线（新青森站—新函馆北斗站）等线路相继开通运营，日本新干线网几乎覆盖了从北海道至南部九州岛的整个日本列岛。

日本新干线

截至 2017 年 4 月，日本投入运营的新干线里程为 3041 千米，位居全球第二。通过加强技术研究和新型车辆的开发，日本新干线最高运营时速达 320 千米。

中老铁路

中老铁路是中国云南昆明至老挝首都万象的铁路，是泛亚铁路中线的重要组成部分。全称中老昆万铁路。

◆ 概况

中老铁路起于中国云南省昆明市，经中老边境口岸磨丁，向南经老挝北部的琅勃拉邦省、万象省后到达线路终点老挝首都万象市。中老铁路由昆玉段、玉磨段、磨万段组成，其中昆玉段由昆明南站至玉溪站，为昆玉河铁路昆玉段，2010 年 5 月开工建设，2016 年 12 月通车运营，设计时速 200 千米，全长 88 千米；玉磨段由玉溪站至磨憨站，2016 年 4 月开工建设，2021 年 6 月主体完工，全长 508 千米，设计时速 160 千米；磨万段由磨丁站至万象南站，2015 年 12 月开工建设，2021 年 10 月建成，全长 422 千米，设计时速 160 千米。中老铁路自昆明站至万象南站，线路全长 1035 千米，共设置昆明南站、玉溪站、西双版纳站、磨憨站、磨丁站、琅勃拉邦站等 56 个车站（其中 28 座车站办理客运业务），2021 年 12 月 3 日全线通车运营。

图 1 "澜沧号"动车组行驶在中老铁路磨万段

◆ 设计及线路

中老铁路为客货共线铁路，采用中国 I 级铁路标准设计，玉溪站至西双版纳站为双线铁路，西双版纳站至万象南站为单线铁路。货物列车设计时速最高为105千米，采用有砟道床、无缝线路，最小曲线半径一般地段 2000 米、困难地段 1600 米，限制坡度为 12‰（加力段为 24‰），电力牵引，牵引质量为 3000 吨，昆玉段、玉磨段闭塞类型为自动闭塞，磨万段闭塞类型为自动站间闭塞，建筑限界为双层集装箱运输基本建筑限界。

中老铁路沿线生态环境多样，环境敏感区密集，包括世界自然及文化遗产、国家公园、自然保护区、风景名胜区等，建设中采取架桥梁、打隧道等方式最大限度绕避环境敏感区，减少对野生动物的干扰和植物生存环境的破坏，确保动植物资源和生态环境不受影响。如在穿越西双版纳国家级自然保护实验区的约 14 千米范围内，采取延长隧道减少地表出露、调整隧道斜井位置、以桥代路等形式，避开亚洲象主要栖息活动区域，将工程对亚洲象迁移通道的影响降到最低。

中老铁路控制性工程有位于世界文化遗产琅勃拉邦古城北部的琅勃拉邦湄公河特大桥，其横跨流经老挝全境的湄公河，全长 1458.9 米，共 34 跨，5 个主桥墩均位于湄公河中，为全线施工难度最大、技术最复杂的桥梁之一。位于玉溪市元江哈尼族彝族傣族自治县境内的元江特大桥，全长 832.2 米，大桥主桥采用上承式连续钢桁梁结构，主跨长达 249 米。全桥有 4 个桥墩 2 个桥台，其中最高的 3 号桥墩高达 154 米，相当于 50 多层楼房的高度，为世界同类铁路桥梁第一高墩，施工过程中采用了两个钢筋混凝土空心墩通过墩顶横梁和中间"X"形钢结构横向连接的方案，在确保承重达标的前提下，有效减轻了桥墩自身重量。中老铁路跨境隧道——友谊隧道，全长 9.59 千米，两国交界点在隧道内部距离云南西双版纳州的磨憨口岸隧道入口7.17千米处，为了体现中老两国深厚友谊，隧道取名为"友谊隧道"。此隧道属于高侵蚀性岩盐隧道，局部地段含盐量达80%以上，在建设中通过采用高强度、高耐腐蚀性的混凝土材料以及环氧树脂钢筋等措施，以防止混凝土和钢筋遭受盐水侵蚀。

图2 多专业检测列车在中老铁路开展运营前的动态检测

图3 "澜沧号"动车组行驶在中老友谊隧道

◆ **作用及影响**

中老铁路打开了中国与老挝之间的运输新通道，是中国共建"一带一路"倡议与老挝"变'陆锁国'为'陆联国'"战略对接的政府间重大合作项目；推动了东南亚地区铁路的互联互通和一体化建设，是老挝现代化基础设施建设的一个重要里程碑。作为中老友谊标志性工程的中老铁路，为加快建成中老经济走廊、构建中老命运共同体提供有力支撑。中老铁路的开通，结束了普洱至西双版纳不通火车的历史，大大缩短了从万象到中老边境的车程，即由原来的2天缩短至3小时。

第 4 章

铁路桥梁

铁路桥梁是指跨越山地峡谷、河流天堑、既有交通线路，或者跨越地质条件不良地带为铁路轨道的铺设以及铁路列车的开行提供必要条件的桥梁。

铁路桥是铁路基础设施的重要组成部分。铁路桥梁为线路封闭和沉降控制，以及列车的安全、平顺运行提供了有利条件。铁路桥按使用功能可分为普通铁路（客货混跑）桥、客运铁路桥、货运铁路（重载铁路）桥、高速铁路桥等类型。

铁路桥梁由上部结构、支座、桥墩、桥台、基础等部分组成，包括钢筋混

图1 预应力混凝土梁铁路桥

图2 钢梁铁路桥

凝土梁铁路桥、预应力混凝土梁铁路桥和钢梁铁路桥等，多采用简支梁、连续梁、悬臂梁等梁式桥，也采用斜拉桥、拱桥、刚构桥等特殊结构型式。与同等跨度的公路桥梁相比，铁路桥梁的自重、列车活载占设计荷载的比重及列车活载效应都较大。

车线桥动力仿真

车线桥动力仿真通过建立铁路列车、轨道与桥梁的系统模型，利用计算机对列车通过线路、桥梁过程中车线桥耦合系统动力响应进行模拟计算，得出定量分析结果，作为决策的理论依据。

典型建模方法是：将车辆视为由车体、转向架、轮对三部分刚体通过弹簧与阻尼相连接的弹性系统；轨道部分的钢轨、轨枕（或轨道板）以及桥梁部分均视为弹性体，各部分之间通过弹簧与阻尼相连接。

车线桥动力仿真系统的激励可分为内部激励和外部激励两大类。内部激励主要包括轨道不平顺、车辆蛇形运动以及桥梁系统自身静态变形等，外部激励主要指地震、风等环境激励。

在进行车线桥动力仿真时，先建立列车－轨道－桥梁动力学计算模型，然后将轨道不平顺作为车线桥耦合系统激励，将地震荷载或风荷载作为附加外荷载，同时作为车线桥耦合系统的输入，再利用合理的数值分析方法获取车线桥耦合系统的动力响应并进行分析。

车线桥动力仿真主要用在车辆、线路和桥梁新型结构的方案设计阶段，对设计的选型、设计参数的优化有一定的预研、择优作用，可有效评估列车过桥时的行车安全与旅客乘坐舒适度。它不同于实用的基于设计规范的结构设计方法，代表着系统设计的思想和方向，有较好的理论指导意义。

梁轨相互作用

梁轨相互作用是指铁路桥梁和桥上无缝线路钢轨纵向之间的作用力与反作用力。

梁轨间的相互作用力分为伸缩力、挠曲力、牵引制动力和断轨力。其中，伸缩力是指因钢轨温度变化而在梁轨间产生的纵向力，挠曲力是指桥梁在列车荷载作用下向下弯曲导致梁纵向收缩时在梁轨间产生的纵向力，牵引制动力是指列车在桥上加速或制动时轮对施加于轨道而在梁轨间产生的纵向力，断轨力是指钢轨突然断裂时钢轨的内力被释放而在梁轨间产生的纵向力。

上述 4 种梁轨间作用力根据出现的概率不同进行归类，并在设计中采用不同的计算表达式。伸缩力和挠曲力出现概率较大，归主力类；牵引制动力因出现概率较小，归附加力类；断轨力因出现概率极小，归特殊荷载类。

由于梁轨间的相互作用是沿桥梁纵向进行的，因此，对钢轨设计的影响主要体现在对钢轨截面强度的检算，而对桥梁设计的影响主要体现在对桥墩纵向受力的检算。

铁路混凝土简支箱梁

铁路混凝土简支箱梁是指内部为空心、截面呈箱形的铁路混凝土梁。

◆ **形式及设计**

铁路混凝土简支箱梁的截面形式为单箱单室和单箱双室，常用跨度（计算跨度）有 24 米、32 米、40 米等。一般为预应力结构，其结构组成包括顶板、底板、腹板，材料组成包括混凝土、普通钢筋和预应力筋。

具有设计规定的刚度、强度和抗裂性，并在设计使用年限内保证其结构的耐久性。这种简支箱梁与分片式 T 梁相比，具有整体性好、动力稳定性好以及抗扭性强、不需要现场横向连接等优点，已被广泛应用在高速铁路桥梁上。

◆ **施工方法**

铁路混凝土简支箱梁的施工方法，分整孔预制和原位现浇两类。

①整孔预制。在沿线设置的预制场内集中完成箱梁的制造。成品梁先在存梁台座上静置一定的时间，以释放徐变变形。静置期结束后用专用的运梁车将箱梁运至桥位，用相应的架桥机完成架梁。图为高速铁路预制 40 米简支箱梁。

40 米整孔预制铁路混凝土简支箱梁

②原位现浇。又分为移动模架和支架现浇两种方法。移动模架就是

使用专门的移动造桥机充当制梁钢模板的支架支承在桥墩上，在其支撑的钢模板内浇筑箱梁；支架现浇则是在梁跨内地基上搭设支架，在支架上安装钢模板进行箱梁浇筑。

整孔预制由于使用相对固定的梁场制梁，其质量控制环境优于原位现浇。但实践中需要结合工期、技术、装备以及经济性等进行综合比选，合理选定铁路混凝土简支箱梁的施工方法。

铁路钢－混凝土结合梁

铁路钢－混凝土结合梁是指上部受压区采用混凝土、下部受拉区采用钢结构，通过抗剪连接件（又称剪力键，如栓钉、槽钢、弯筋等），使上、下结构成为牢固整体的梁。

钢混凝土结合梁充分发挥了混凝土的耐压和钢材抗拉的材料特性，具有建筑高度低、方便施工等优点。

依据下部钢结构的截面形式，钢－混凝土结合梁分为以下4种。

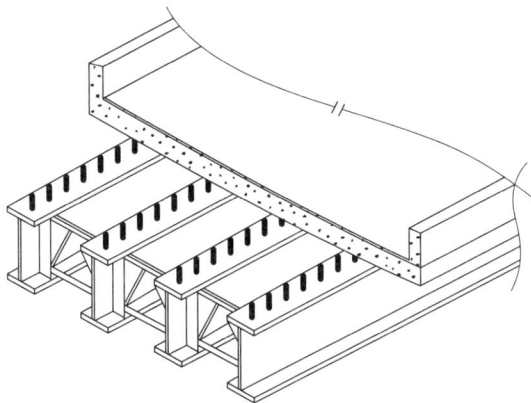

钢－混凝土结合梁示意图

①钢板结合梁。工字形钢板梁与混凝土桥面板的组合。钢板梁常采用下翼缘加宽的非对称工字梁，先期由钢板焊接而成，顶板按设计密布

剪力键，通过剪力键与顶部混凝土整体浇筑。

②钢箱结合梁。钢箱梁与混凝土桥面板的组合。因其抗扭刚度大，与钢板结合梁相比，可用于较大跨径的桥梁。钢箱梁可采用开口或闭口截面，钢腹板可为竖直或斜腹板。

③上承式钢桁结合梁。将钢桁梁的上弦杆与其上的混凝土桥面板通过剪力键连成整体的桥梁，主要是借助混凝土板增大上弦杆的耐压性。

④下承式钢桁结合梁。在下承式钢桁梁的桥面系中，利用钢纵梁和钢横梁与钢板组成钢正交异性板，在板面设置剪力键并浇筑混凝土桥面层，形成一种混凝土桥面板与其下钢正交异性板结合成一体而共同受力的新型桥梁结构。在列车荷载作用下，混凝土桥面层基本处于受压区，实现了混凝土结构受压而钢结构受拉的结合梁设计思想。由于通常是在下承式钢桁结合梁的混凝土桥面层上铺设道砟形成有砟桥面，从而克服了钢明桥面噪声过大的弊病，且因为自重的增加，提高了桥梁的整体动力稳定性。

铁路槽形梁

铁路槽型梁是指由侧面两片主梁与底部道床板刚性连接成一整体，并将轨道结构置于底部道床板上的铁路下承式预应力混凝土桥梁结构。

◆ 发展概况

槽形梁最早应用于英国 1952 年建成的罗什尔汉单线铁路桥，其跨度为 48.6 米。随后，槽形梁相继在日本、法国、瑞士、德国、智利、澳大利亚等国得到应用和发展。

中国铁路最早使用槽形梁的桥是 1982 年建成的京承（北京—承德）铁路怀柔跨线桥，为铁路双线简支槽形梁桥，跨度为 20 米，截面形式为斜 Γ 形，采用三向预应力体系。随后，又在京秦（北京—秦皇岛）铁路上采用槽形梁修建了一座铁路单线简支槽形梁跨线桥，跨度为 24 米，截面形式为直 Γ 形，采用三向预应力体系。首座铁路单线连续槽形梁桥是位于江西弋阳浙赣复线上的葛水河桥，跨度为 25 米 +40 米 +25 米，截面形式为直工形，也采用三向预应力体系。

◆ **功能及分类**

槽形梁的突出优点是建筑高度低，十分适合用于修建立体交叉工程。槽形梁为开口截面，其在列车荷载作用下的横向变形和扭转效应大于闭口截面，空间受力特征更加明显。

槽形梁按结构体系，可分为简支梁和连续梁。其侧面主梁常见的截面形式有直工形、直 Γ 形、斜 Γ 形和箱形。槽形梁的预应力通常采用纵、横双向或纵、横、竖三向预应力体系，其施工方法有支架现浇、节段预制、现场拼装等。槽形梁的侧面两片主梁能够起到声屏障和防护墙的作用，降低轨道噪声辐射和防止车辆脱轨坠桥。

地铁双线槽形梁截面如图所示。

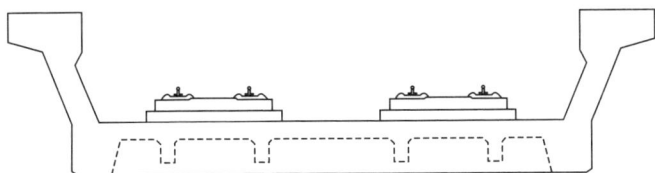

铁路双线槽形梁截面示意图

铁路刚构桥

铁路刚构桥是由桥墩和梁整体结合而形成主要承重结构的桥型，又称刚架桥。

◆ **功能优点**

铁路刚构桥优点有：①由于桥墩与梁为刚性连接，不需要安装桥梁支座，墩变成了刚架的立柱，从而减少了运营期桥梁的养护维修工作量；②由于桥墩变成了刚架的立柱，改善了梁部受弯，从而提高了梁的抗弯能力；③在进行桥梁施工时不必在墩顶采取临时固结措施，简化了施工工艺。

◆ **分类及作用**

铁路刚构桥的典型桥式有 T 型刚构桥、连续刚构桥、斜腿刚构桥等。

① T 型刚构桥。通常由 T 型刚架和刚架之间的挂孔梁组成，曾是公路桥梁广泛采用的一种桥式。

②连续刚构桥。由若干跨的桥墩、梁固结而成的一种纵向框架桥型。

铁路刚构桥——沪昆高铁克地坝陵河特大桥

为了减小刚构桥在温度变化等因素作用下产生的附加内力，桥墩通常设计成高、柔结构，在减轻桥墩重量的同时增加了下部结构的柔性，以达到适应上部结构形变、减少附加受力的目的。为了便于释放梁的纵向变形，边墩的墩梁之间通常不再采用墩、梁刚性连接，而是采用纵向活动支座相连接。对于此类中间墩、梁刚性连接而边墩采用活动支座的桥型，又称刚构连续梁。

③斜腿刚构桥。特殊建桥条件下使用的一种桥式，如在跨越深谷且两侧山体基岩良好时，不用设深谷高墩，而是将立柱设计成斜向的，利用良好的基岩提供强大的斜向支撑力，使得刚构桥主跨的跨越能力进一步加大。

大吨位运梁车

大吨位运梁车是将整孔混凝土预制梁从制梁厂运至架梁地点的大运载能力车辆。

大吨位运梁车由动力系统、液压系统、电气系统、制动系统以及主梁、横梁、悬挂支承等组成，一般采用宽基大轮胎、主梁中置、中轴对称的结构方案。主要特点包括：①采用液压自动调平等技术，具有遥

大吨位运梁车

控、无人驾驶功能，是"机、电、液"一体化高技术产品；②采用模块化设计思想，方便长短途运输、组装、拆解和转场后再组装；③主梁和横梁均为箱型结构，采用强度高、承载力大的低合金结构钢，横梁通过高强度螺栓与主梁连接；④轴载大、轮载大、接地比压高，操控灵活方便，具有平台升降功能，能够与多种架桥机、提梁机配合使用，并能够驮运架桥机通过隧道；⑤采用双动力配置，具有多种转向模式和双向驾驶功能。

第5章
著名铁路隧道

新关角隧道

新关角隧道是青藏铁路线上最长的隧道，也是截至 2020 年底，中国投入运营里程最长的铁路隧道。

新关角隧道位于中国青海省天峻县境内，青藏铁路西宁至格尔木增建二线工程上，全长 32.6 千米、线路最高海拔 3497 米。2007 年 11 月开工建设，2014 年 4 月 15 日全线贯通。新关角隧道为两条平行的单线隧道，线间距 40 米，隧道轨面以上净空横断面面积不小于 42 平方米，隧道净空高度 7.2 米，采用双块式无砟轨道，设计列车行车速度 160 千米 / 时。

一列货车从青藏铁路新关角隧道驶出

隧道区位于新构造活动强烈的青藏高原东北缘，区内断裂及褶皱发育，存在连续砂层段、长大段岩溶、断层，岩浆岩、沉积岩和变质岩同时出现，且岩性变化频繁；

地下涌水量单日最大达 32 万立方米。

新关角隧道采用钻爆法施工，在复杂地质问题处理、涌水处理、施工通风与健康保障、钻爆法施工斜井皮带出渣、高寒区防冻害、运营通风、防灾疏散救援和环境保护等方面取得了技术突破并积累了丰富的施工经验。

太行山隧道（石太高速铁路）

太行山隧道是中国石太高速铁路穿越太行山的隧道，是中国首条开工建设的最长铁路山岭隧道。

太行山隧道位于石太（石家庄—太原）客运专线（高速铁路）的石家庄站至阳泉北站之间，由 2 条平行的单线隧道构成，线间距 35 米，长度分别为 27.839 千米和 27.848 千米，设计时速 250 千米，采用 I 型板式无砟轨道，辅助坑道长度 11.2 千米。从开工到隧道贯通用时 30 个月，于 2009 年 4 月 1 日开通运营。

在太行山隧道建设过程中，完成了多项技术攻关。掌握了可溶岩地层、复杂构造带和长段落膏溶角砾岩

太行山隧道（石太高速铁路）

地层的高速铁路隧道设计及施工关键技术；解决了 300 平方米的特大断面隧道过渡到 90 平方米断面的设计施工难题，实现了单洞双线隧道到双洞单线隧道的过渡；形成了在铁路隧道设置紧急救援站、避难所、紧急出口和救援疏散设施等系列标准；建立了人员疏散过程中有关通风、照明、通信及消防等系列标准。为处于建设初期的中国高速铁路长大隧道的设计和施工技术进步和标准体系的建立奠定了基础。

张茅隧道（郑西高速铁路）

张茅隧道是中国郑西高速铁路最长的隧道，是中国首座在湿陷性黄土地区（在地下水位线以下的饱和黄土地层中）建设的超大断面富水铁路隧道。

张茅隧道位于中国河南省三门峡市境内，隧道全长 8482 米，设计时速 350 千米，最大开挖断面积达 164 平方米，铺设无砟轨道。隧道建设工程历时 2 年零 5 个月，于 2008 年 2 月 24 日贯通。

张茅隧道位于 Q_2 黏质黄土 + 粗圆砾土的黄土地层，地下水水头高出拱顶 30 米，隧道最大开挖跨度 16 米、高 14 米，稳定性差，下穿既有公路和铁路 10 余处。施工中首次将"三台阶七步开挖法"应用于铁路黄土隧道，成功解决了变形控制难度大、基础沉降控制困难、环境控制要求高、施工难度极大的难题，实现了在特殊软弱地质条件下进行隧道施工的重大技术突破。

浏阳河隧道（京广高速铁路）

浏阳河隧道是京广高速铁路在湖南域内穿越浏阳河的隧道，是中国首座穿越城区、河流、高速公路的铁路隧道。

浏阳河隧道位于湖南省长沙市东部、京广（北京—广州）高速铁路上，为单洞双线，全长 10.115 千米，2008 年 12 月贯通。隧道开挖宽度最大超过 16 米，开挖高度超过 13 米，开挖断面积最大约 170 平方米，轨面以上内净空有效面积为 100 平方米，平均埋深在 30～50 米。

浏阳河隧道是中国第一座采用矿山法修建的城市及水下铁路隧道，在设计中充分结合了工程的环境条件与运营要求，进行了桥隧方案比选、京珠高速公路左右两边线路平面位置比选、单洞双线与双洞单线隧道方案比选、深浅埋方案比选、明挖与暗挖方案比选、防水型与排水型衬砌结构形式比选、盾构法与矿山法施工方案比选、辅助坑道设置方案比选、防灾疏散多方案比选等，最终确定采用了明挖与暗挖结合、防水型与排水型衬砌结构结合、非爆破开挖和爆破开挖结合、竖井与斜井辅助坑道结合、隧道内设置救援定点、水下段开挖工作面设置玻璃纤维锚杆预加固等多项新理念、新技术。

浏阳河隧道

韩府山隧道群

韩府山隧道群是京沪高速铁路第一隧道群。

韩府山隧道群位于南京市雨花台区、江宁区交界处，于 2008 年 6 月开工，2010 年 12 月建成。

韩府山隧道由 4 座铁路隧道组成。其中，韩府山 1 号隧道长 403 米，属于京沪高铁正线隧道；韩府山 2 号隧道长 365 米，属于沪汉蓉铁路正线隧道；韩府山 3 号隧道长 355 米，属于宁安城际铁路隧道；韩府山 4 号隧道是南京南站到南京南站存车场走行线隧道。韩府山 1 号、2 号、3 号隧道之间的间距在 6 ～ 10 米，小于 1.5 倍的隧道开挖宽度，属于小净距隧道。

韩府山隧道群

韩府山隧道处于低山丘陵及山谷地区，隧道洞身出露地层主要为第四系、侏罗纪沉积岩，隧道埋深较浅，最大埋深为 60 米。隧道进口、出口均位于浅埋偏压地段。隧道范围地下水主要为基岩（裂隙）水，地下水补给主要靠大气降水，随季节变化幅度较为明显。

韩府山隧道是在软岩地质、浅埋条件下修建的超小净距、大跨度隧道群，首要施工难点是如何保持相邻隧道之间中夹岩柱的稳定性，以及控制相邻隧道掌子面（隧道开挖作业处的垂直平面）的纵向安全距离。韩府山隧道群建设过程中推行了微震控制爆破技术和中夹岩柱预加固技术，开挖后尽早在围岩表面喷射混凝土并形成了全环闭合的初期支护结构，充分发挥了围岩的自身承载能力，保障了建设工作的顺利开展。

新八达岭隧道

新八达岭隧道是中国单拱跨度最大（截至 2019 年）的暗挖铁路隧道，是京张高速铁路正线隧道中里程最长、环保要求最严格、施工难度最大的隧道。

新八达岭隧道位于北京市昌平区南口镇至延庆区段，全长 12.01 千米，单洞双线。工程于 2016 年 4 月开工建设，2018 年 12 月 13 日顺利贯通。

新八达岭隧道穿越八达岭长城核心区域，一次并行水关长城，两次下穿八达岭长城。下穿两处浅埋地段，最小埋深为 10 米的石佛寺村和最小埋深仅 4 米的老京张铁路青龙桥站。隧道岩体破碎，围岩条件差，地下水主要为基岩裂隙水，水位埋深随地形及季节变化。

位于八达岭隧道内的八达岭长城站，自上而下设置出站层、进站层和站台层 3 层。车站长 470 米，距离隧道进口约 8 千米，车站两端与区间隧道设总长 326 米的过渡段；最大埋深 102 米；包含 78 个大小洞室，88 种断面型式，结构复杂；车站两段渡线单洞开挖跨度达 32.7 米；站台至地面站房提升高度 62 米；截至 2019 年，是中国埋深最大、结构最复杂、旅客提升高度最大的暗挖高铁地下车站。

一列动检车驶出京张高铁新八达岭隧道

新八达岭隧道及八达岭长城站的建设采用了多种新材料、新技术和新工艺。大跨度隧道的喷射混凝土中添加了新型纳米材料，有效提高了结构的早期强度；在隧道下穿文物和临近复杂洞群的区段，首次采用精准微损伤控制爆破等先进技术，使用电子雷管控制爆破，控制单段药量及间隔时间，通过设置并监测爆破监测网点的爆破振速，及时控制爆破药量，有效避免工程建设对沿线文物和环境的不利影响，减小施工爆破对相邻洞室围岩及支护结构的损害；隧道开挖采用了顶洞超前、分层下挖、预留核心、重点锁定、高性能混凝土一次浇筑成型的"品"字型分部挖掘法，为今后大跨度隧道钻爆法施工提供了新路径。

车站设计中首次采用叠层进出站通道形式，实现了进出站客流完全分离和进出站口均衡布置；首次采用环境救援廊道设计，具备了紧急情况下快速救援的条件；防灾救援系统设计中，增加结构、设备和环境健康监测、应急智能引导、可控通风照明、可控监控等设备，为实现智能运营和应急指挥奠定基础。

狮子洋隧道（广深港高速铁路）

狮子洋隧道是中国广深港（广州—深圳—香港）高速铁路上的水下隧道。

狮子洋隧道位于中国广州市南沙区庆盛站和东莞市虎门站之间，是世界上首座时速 350 千米的铁路水下隧道，也是中国首座特长水下隧道。2006 年 5 月开工建设，2011 年 3 月贯通。

隧道全长 10.8 千米，为双洞单线隧道，其中盾构段长 9277 米。隧道穿越小虎沥、沙仔沥和狮子洋 3 条水道，其中狮子洋水面宽 3300 米，水深达 26.6 米，为珠江航运的主航道，设计水压达 0.67 兆帕。狮子洋隧道是中国首次在软硬交错的特殊复杂地质条件下，采用大直径盾构机长距离掘进施工的隧道，实现了一次掘进长度超过 5 千米和水下 60 米进行盾构机对接、洞内解体的技术突破。隧道设计有贯通全线的逃生救援通道和 19 条逃生横通道，在隧道最低点设置了中国首个水下隧道紧急救援站。

狮子洋水下隧道开挖现场

狮子洋水下隧道是中国投入建设的首条铁路水下隧道，也是当前中国国内长度最长、深度最深的水下隧道。

第6章

铁路机车

铁路机车是指牵引或推送铁路客、货车辆在铁路上运行的具有动力装置的车辆，俗称火车头。

铁路机车利用蒸汽机、柴油机、牵引电动机或其他动力机械产生的动力，并通过机车传动装置驱动轮，借助动轮和钢轨之间有一定的黏着力而产生推动力即机车牵引力。机车或列车在轨道上运行，必须能随时减速或停止运行，所以在机车和铁路车辆上都装有制动装置，由司机操纵。此外，还可以利用机车动力装置、传动装置或牵引电动机的逆动作所产生的阻滞作用辅助制动装置工作。

机车或列车运行时，车轮压在轨道上滚动，而车轮和轨道都是弹性体，都会产生弹性变形，不可能有真正的圆形和平直的线或面。每辆车在运动中的速度不完全一致，车钩缓冲装置动作也不一致，机车车辆在运动中产生不平衡的力，制动时产生不同的制动力，以及列车通过曲线线路等这些复杂因素，加上外界气流紊动的影响，都会使机车或列车产生垂向、横向和纵向振动。因此，产生的机车车辆纵向动力，对机车车辆车架、车体和车钩缓冲装置都有影响。在列车和轨道之间产生的轮轨相互作用的动作用力，影响转向架、轮对和钢轨的使用寿命。铁路机车的费用在铁路运营费用中占较大比重，为了发挥机车的最大经济效益，各国铁路企业都制定有机车运用管理和机车检修的制度。

最早发明的机车是蒸汽机车，其后依次是电力机车、内燃机车。1804 年，英国机械工程师 R. 特里维西克（Richard Trevithick，1771 ～ 1833）创造出第一台（可运行的）蒸汽机车。1879 年，德国发明家、科学家、实业家西门子制造出一台小型直流电力机车。1912 年，德国柴油机发明家 R. 狄塞耳（Rudolf Diesel，1858 ～ 1913）设计并由瑞士苏尔寿公司（Sulzer）制造了世界上第一台干线内燃机车，功率 1200 马力。

20 世纪 70 年代初，国际上开始将交流传动技术应用到机车上。中国铁路机车主力车型"和谐型"电力机车和内燃机车均采用交流传动。

HXD$_{1D}$ 型交流传动客运电力机车

机车的动力通常由蒸汽机、柴油机或燃气轮机、电力提供。传动系统使机车车轮产生力矩，为列车提供驱动力。机车按牵引动力源可分为 3 类：①蒸汽机车。以蒸汽机为动力，通过摇杆和连杆装置驱动车轮运行。蒸汽机车由于热效率低、污染大，已被热效率高的内燃机车和电力机车所代替。②电力机车。从牵引供电接触网获得电能，通过传动系统的变换和控制，由牵引电动机驱动车轮的轨道机车。③内燃机车。由内燃机提供动力，通过传动系统的变换和控制去驱动车轮的轨道机车。

蒸汽机车

蒸汽机车是以蒸汽机为动力的机车。

蒸汽机车起源于英国，后在世界各国得到广泛应用。英国发明家 G. 斯蒂芬森（George Stephenson，1781-06-09 ～ 1848-08-12）采用瓦特蒸汽机原理，于 1825 年设计制造出了首台商用的蒸汽机。20 世纪 20 ～ 30 年代为蒸汽机车辉煌时期，世界上运行速度最快的蒸汽机车为英国的 4-6-2 Mallard 型机车，该机车于 1938 年 7 月 3 日创下了 126 英里 / 时（203 千米 / 时）的纪录。世界上功率最大的蒸汽机车为美国 Pennsy's 4-4-6-4 Q2 Duplex 型，其功率达到 7897 英制马力（约 5888.89 千瓦）。蒸汽机车能量转换效率较后续的电力机车、内燃机车低，最高效率不超过 9%，后逐渐被其他类型动力形式机车所取代。

20 世纪 50 年代之前，中国主要采用国外制造的蒸汽机车，50 年代初开始设计制造前进型蒸汽机车。机车全长 26.063 米，构造速度 80 千米 / 时，模数牵引力 324 千牛，轴式 1-5-1。1964 年，大同

图 1 前进型蒸汽机车

工厂对其进行了一系列改造，机车的最大轮周功率达到 2190 千瓦，机车全长增加到 29.18 米。该型机车共计生产 4708 台，1988 年停产。

蒸汽机车的出现是近代陆路运输方式的一大变革，使得轨道运输成为运输成本较低的运输工具。

蒸汽机车曾是中国铁路运输的主要牵引动力，直至20世纪80年代，还占有全国铁路牵引动力近一半的份额。随着时代发展与技术进步，内燃机车和电力机车逐步取代了蒸汽机车。1988年12月，中国停产蒸汽机车，到2005年12月9日，随着集通铁路最后一台蒸汽机车牵引任务的完成，蒸汽机车退出中国铁路干线运营。蒸汽机车在中国铁路客货运输历史中有着极其重要的地位。

蒸汽机车由锅炉、汽机、车架、走行部和煤水车等组成。锅炉燃烧煤炭并将水蒸发为蒸汽；汽机将蒸汽的热能转变为机械能驱动轮对；锅炉、汽机等设备安装在机车车架和走行部上；煤水车用于装载煤、水、油脂和存放工具等，挂在机车司机室后方。

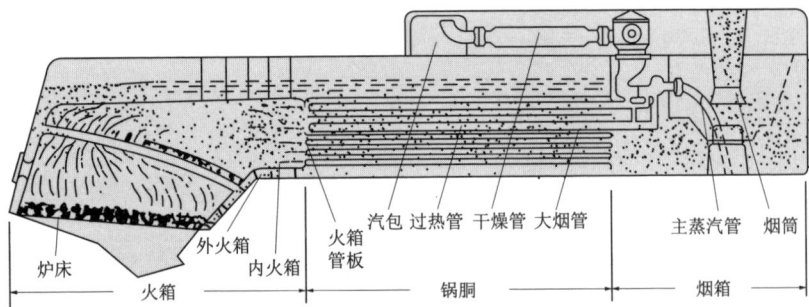

图2 锅炉结构示意图

机车锅炉中的水被加热、汽化，形成400℃以上的过热蒸汽，再进入汽机膨胀做功，推动汽机活塞往复运动，活塞通过连杆、摇杆将往复直线运动变为轮转圆周运动，带动机车动轮旋转，从而牵引列车前进。

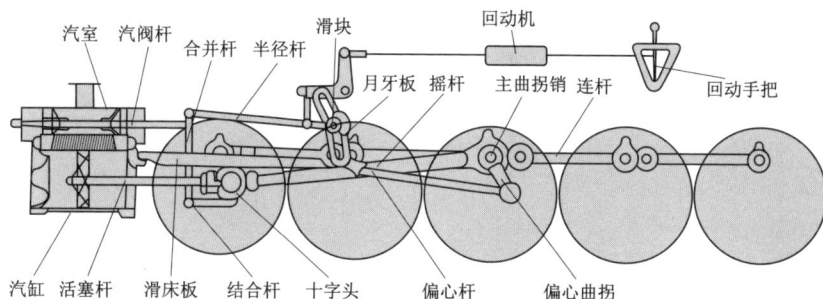

图 3 蒸汽机车构造示意图

图 4 蒸汽机车传动原理图

电力机车

电力机车是以电能为动力,通过传动装置驱动车轮,用来牵引车辆在轨道上行驶的机车。

◆ **特点**

运行路程长。在电气化铁路区段可以实现长距离运行,内燃机车和蒸汽机车则需要保持燃料充足。

功率大。由于在电力机车和电动车组的动车上未装设产生能量的原动机,也无燃料储备,因而在同样的机车质量下,其功率要比自给式机车大。机车单位质量所具有的功率称为机车的比功率,这是衡量机车技术水平的一个标志。20世纪末电力机车的比功率一般达到40～60千瓦/吨。

速度高。一般客运电力机车运行速度可达160～200千米/时，货运电力机车也达到120～140千米/时，高速电动车组运行速度达到300～350千米/时。

效率高。电力机车的机械效率为80%～85%。

过载能力强。机车在起动、牵引重载列车和通过困难区段时，或者高速动车组在起动加速阶段时，具有大过载能力是十分重要的。电力牵引过载能力仅受牵引电动机的限制，而牵引电动机的过载能力是较高的。

运输成本低。电力机车和动车组检修工作量小，维修周期长。

环保、无废气排放。可将接触网电能供给列车用电，不需要柴油机发电。

适应性较强，在山区和高寒地区电力机车功率发挥正常。

◆ 发展历程

20世纪30年代，美国宾夕法尼亚州哈里斯堡以东地区通电，宾夕法尼亚铁路开始批量采用交－直电传动电力机车。1979年，第一台E120型大功率采用异步电动机驱动的交－直－交电力机车在德国诞生，开创了电力机车发展的新纪元。

1958年至2006年间，中国机车制造企业批量生产了多种类型的电力机车。主要类型有采用交－直电传动方式SS_1、SS_3、SS_4、SS_7、SS_8和SS_9等。2006年开始批量生产HXD_1、HXD_2和HXD_3型交－直－交电传动电力机车。

随着交流传动技术的发展，自 20 世纪 90 年代后期，为满足高速、

重载需要，干线电力机车开始向大功率方向发展，客运电力机车速度已达到每小时 200 千米，货运电力机车功率已达到 14400 千瓦。

国际上制定了几种电

HXD₁ 型电力机车

力机车用标准电压，直流电压为 750 伏、1500 伏和 3000 伏，单相交流电压为 15 千伏 /16.7 赫兹、25 千伏 /50 赫兹等。

◆ **构造组成**

电力机车由机械部分、电气部分和制动系统三大部分组成。

机械部分。包括转向架、车体、车体与转向架连接装置。转向架是机车的走行部分，具有支撑机车车体、转向、传递牵引和制动力，承受车体和轮轨间的动、静载荷等功能。由构架、轮对、驱动装置、牵引装置、基础制动装置、一系悬挂装置、二系悬挂装置、电机悬挂装置等主要部件组成。车体由底架、司机室、侧墙和车顶等部分组成，用来安装各种设备，提供乘务人员的工作场所。司机室设在车体的端部，通过机械间走廊相通。车钩缓冲装置安装在车体底架的两端牵引梁上。车体和设备的重量通过车体支承装置传递到转向架上，车体支承装置并起到传递牵引力与制动力的作用。

电气部分。机车上的各种电气设备及其连接导线。包括主电路系统、

辅助电路系统和控制电路系统。①主电路系统：将接触网电能转换成牵引电机转动机械能的作用，是电力机车的核心子系统。主电路系统的发展推动了整个电力机车的向前发展。以交－直－交传动主电路为例，其主要包括电源侧整流电路、负载侧逆变电路和中间直流回路。②辅助电路系统：用于为主电路系统的正常工作提供辅助支持作用。主要是为机车制冷系统、制热系统、压缩机、充电机等设备提供电能。③控制电路系统：通常实现对整车运动逻辑的控制，是电力机车的中枢神经。网络控制系统是用于连接车载设备，实现信息共享、控制功能、监测诊断的数据通信系统，它以计算机网络为核心，把计算机技术、控制技术、设备诊断技术与网络通信技术紧密结合起来，实现机车的逻辑控制、保护功能等。

制动系统。制动系统是保证列车减速运行和停车的关键。制动主要分为空气制动与电制动。空气制动的原理是利用压缩空气推动安装在转向架上的基础制动装置与车轮或者车轴上安装的制动盘等部件进行机械摩擦，从而达到制动的作用。空气制动通常有踏面制动、轮盘制动和轴盘制动三种形式。空气制动系统通常包括压缩机、风缸、制动机、基础制动装置等组成部分，制动机作为制动系统的中枢神经，在制动过程中起着调节分配的作用，以保证制动过程的安全、平稳。电制动过程中通过牵引电机作为发电机将运动能转换为电能，由制动电阻消耗或回馈牵引供电接触网，以达到制动的效果。

◆ 分类

电力机车按用途及使用场所，可分为客运电力机车、货运电力机车、客货两用电力机车和调车电力机车四种。客运电力机车主要用于承担客运列车牵引任务，其特点一般是牵引力较小，运行速度较高，发展方向为高速。货运电力机车主要用于承担货运列车牵引任务，其特点一般是牵引力大，运行速度较低，发展方向为重载。客货两用电力机车可同时用于客运和货运列车牵引任务，其特点一般是其牵引力、运行速度介于客运、货运电力机车之间。调车电力机车主要用于短距离牵引和推送调车作业，其特点是牵引功率和牵引力均较小，速度较低，能耗低、车身小。

内燃机车

内燃机车是指以内燃机为动力源，通过传动装置驱动车轮，用来牵引车厢在轨道上行驶的动力车。

◆ 分类及构件

按内燃机种类，内燃机车分为燃气轮机车与柴油机车。燃气轮机车虽然有燃料价格低廉、整车质量较轻等优点，但部分负荷条件下效率较低、燃气轮机运行噪声较大等问题使得其应用并不广泛。柴油机车技术成熟、转速范围适宜，使用广泛。内燃机车中内燃机和动轮之间需加装一台与发动机同等重要并符合牵引特性的传动装置。

内燃机车由内燃机、传动装置、车架、车体、转向架、辅助装置、制动装置、控制设备、车载信号设备等基本部分组成。内燃机发出的动力输送至传动装置，通过对二者的控制和调节，将适应机车运行工况（转速和转矩）的动力输送到各车轴齿轮箱来驱动动轮，动轮产生的轮周牵引力传递到车架，由车架端部中央的车钩变为挽钩牵引力来牵引车辆。辅助装置的主要作用是保证机车各组成部分正常工作。制动装置是保证机车或列车运行安全的重要设施。控制系统的操纵设备和监视仪表等安装在司机室操纵台上便于司机操作和观察的位置。

内燃机车根据采用的传动装置类型又分为三类：①机械传动内燃机车；②电力传动内燃机车；③液力传动内燃机车。机械传动内燃机车的功率较小，无法适应干线机车的需求。电力传动内燃机车先将内燃机产生的机械能传至发电机转换为电能，再由变换装置将电能变换为电压可调的直流电或频率与电压均可调的交流电输送至转向架上的牵引电动机从而实现牵引功能。液力传动内燃机车则将内燃机产生的机械能传至液力变矩器转换为能够适应牵引特性的机械能，再通过万向轴与车轴齿轮箱驱动轮轴旋转实现牵引功能。

◆ 发展概况

自 1913 年第一台内燃机车问世以来，百余年间内燃机车经历了众多的变革，动力方式有柴油机、燃气轮机；传动方式则有直－直电力传动、交－直电力传动、交－直－交电力传动及液力传动等多种方式的改变。进入 21 世纪，各类机车的开发模式已经转变为"平台"模式，采用模块化概念，可以快速推出适应不同市场、不同需求的各型机车产品。

世界最大功率内燃机车为美国易安迪（EMD）公司生产的 DDA40X 型机车，该车装有 2 台 EMD645E3 柴油机，机车的装车功率为 6600 马力（4854 千瓦）。世界运行速度最快的内燃机车为苏联 TEP80（ТЭП80）

型柴油机车，该机车于 1993 年 10 月 5 日创造了 271 千米／时的纪录。

1964 ～ 2017 年，中国机车制造企业批量生产了不同类型的内燃机车，主要有采用直－直电传动方式的东风型内燃机车、交－直电传动方式的东风 $_4$ 系列、东风 $_8$、东风 $_{8B}$ 和东风 $_{11}$ 等各型内燃机车，液力传动的东方红和北京型内燃机车等；2009 年，开始分阶段批量生产 HXN $_3$、HXN $_5$ 型交－直－交电传动内燃机车。

2017 年，中国功率最大的内燃机车为和谐内 $_3$ 型（HXN $_3$）与和谐内 $_5$ 型（HXN $_5$），最大功率 4660 千瓦；运行速度最高的内燃机车为东风 $_{11}$ 型，最高速度 170 千米／时。

图 1　东风 $_4$ 型交－直电传动
客运内燃机车

图 2　东风 $_{11}$ 型交－直电传动
客运内燃机车

图 3　东风 $_{8B}$ 型交－直电传动
货运内燃机车

图 4　东方红 $_1$ 型液力传动
客运内燃机车

图5 东方红₃型液力传动
客运内燃机车

图6 HXN₃型内燃机车

图7 北京型液力传动客运内燃机车

图8 HXN₅型内燃机车

20世纪40年代后，内燃机车与电力机车逐步成为铁路主要的牵引动力。内燃机车对于无电源和电源薄弱地区的铁路开行具有优势，面对战争环境、自然灾害环境相比于电力牵引受外界因素影响较小。

机车检修

机车检修是为保证机车在良好的技术状态下稳定可靠地工作而进行有计划的检查和修理。

铁路机车采用预防性的定期检修制度，实施主要零部件的定期检测状态修和专业化集中修。机车修程分为大修、中修、小修和辅修，其中，中修、小修、辅修为段修修程，大修为厂修修程。机车大修是全面的恢复性修理，大修后的机车，基本上需要达到新车的水平；中修主要是修理走行部，必须把机车架起推出走行部进行修理，也称为架修；小修主要是对有关设备进行测试和维护等；辅修是属于临时性的维修和养护。

定期检测状态修，是机车在工作寿命期内，按照规定的状态值和运行设备检测的参数进行比较，只要运行参数仍在规定的限界以内，就不做检修。当运行参数超出规定的限界时，按照规定工艺对设备进行检修，使其恢复到规定的限界值内再继续运行。

专业化集中修，是由于铁路机车大量采用具有新技术含量的部件后提出的检修制度，它对先进、昂贵的检测设备和高水平检修人员的利用能做到更为合理和有效。

检修周期是主要零部件在两次修程间保证安全运用的最短期限。检修周期应根据机车构造特点、运行条件、实际技术状态和生产技术水平来确定。各国铁路规定的检修周期不尽相同。干线客货运机车多按走行公里或时间计算，调车机车一般按时间（日、月或年）计算。

中国机车的检修制度除日常检查外，在两次定修（洗修）间有一次技术检查。段修分为定修和架修。电力机车定修周期2.5万～3.5万千米，架修30万～35万千米；内燃机车定修周期1.5万～2万千米，架修15万～24万千米；蒸汽机车洗修周期根据运用区段锅炉水质等情况确定，架修7万～11万千米。厂修周期：电力机车120万～140万千米，内燃机车45万～72万千米，蒸汽机车25万～30万千米。和谐型电力机车修程周期C6修：200万千米，12年；C5修：100万千米，6年；C4修：50万千米，3年；C3修：25万千米，1年；C2修：13万千米，6个月；

C1 修：7 万千米，3 个月。和谐型内燃机车修程周期 C6 修：180 万千米，10 年；C5 修：90 万千米，5 年；C4 修：45 万千米，3 年；C3 修：23 万千米，1 年；C2 修：12 万千米，6 个月；C1 修：6 万千米，3 个月。

铁路机车的维修工作在机务段或修理工厂进行。机务段分为定修段和架修段。架修段有架车台设备，检修机车时可以在机车主车架两端把机车架起来，推出转向架，镟修车轮，并可对机车进行较大的检修工作。修理工厂一般能进行机车全部解体检查和修理，还采用互换修理法。国际上有些国家铁路结合实际情况，实施机车运用与机车检修分离的检修制度，设立机务段和检修段，机务段只管运用，检修段只管检修，另设检修仲裁机构，负责检修责任认定。

机车检修作业

机车柴油机

机车柴油机是指专用于铁路内燃机车、内燃动车组的动力装置的柴油机。

以柴油机为动力装置的内燃机车，自 20 世纪 20 年代问世以来，得到迅速发展，也陆续开发出越来越先进的产品。一些原已成熟的机车柴油机，如美国 GE 公司的 7FDL 系列、GM 公司 645 系列，德国的

MTU956 系列，以及英国的 Valenta 系列得到广泛应用。同时世界各国又开发出了一批功率更大、性能更好的柴油机，如德国的 M282 系列，法国 PA6280 系列，美国 GM 的 265H、GM710G 系列等。1994 ～ 2009 年间，北美和部分欧洲国家采用现代技术对小功率的内燃机车进行改造，内燃机车保有量在一定时期略有减少。世界各国对机车柴油机的设计主要采用 4 冲程、废气涡轮增压、燃油直喷式的中速柴油机。现代机车柴油机开发目标是提高柴油机的单机功率，提高可靠性、耐久性、降低燃油消耗、改善排放。

通用柴油机在单位功率的重量、外形体积、额定转速、附属设备等方面不能适应铁路机车限界尺寸。为满足要求，专门研制了铁路专用的机车柴油机。

机车柴油机的功率与转速受轮轨黏着、机车车辆限界和装车条件等限制，通常最大功率不超过 5200 千瓦，电力传动机车的柴油机额定转速通常在 1100 转 / 分以下，液力传动机车的柴油机额定转速通常在 1600 转 / 分以下，气缸数量在 8 ～ 20 之间，排列形式通常为 V 型。

机车柴油机的发展与通用柴油机基本同步，随着车用发动机技术进步，机车柴油机均向着采用高压共轨喷油技术及电子燃油喷射管理系统方向发展，使其具有较低的燃油消耗率及污染物排放量，机车柴油机的功率、平均无故障时间逐步增大，而油耗率则逐步降低。如 20 世纪 70 年代，法国阿尔斯通公司的 ND_4 型机车装用的 AGO240V16ESHR 型柴油机标定功率 2940 千瓦，燃油消耗率为 211 克 / 千瓦·时；80 年代，美国通用电气公司的 ND_5 型机车装用的 7FDL-16 型柴油机标定功率为

2940 千瓦，燃油消耗率则为 208 克 / 千瓦·时；21 世纪初，HXN₅ 型机车所装用的 GEVO-16 型柴油机标定功率为 4660 千瓦，燃油消耗率为 200 克 / 千瓦·时。

中国的机车柴油机主要有 16V240ZJ、12V180ZL、12V240ZJ 及 16V280ZJ 等系列。16V280ZJA 型柴油机是为 16 气缸、四冲程、废气涡轮增压的 V 型中速柴油机，气缸直径 280 毫米，活塞行程 285 毫米，标定功率 3860 千瓦，燃油消耗率为 208 克 / 千瓦·时。

机车柴油机工作原理与通用柴油机基本一致，包括进气、压缩、做功、排气 4 个循环。

16V280ZJA 型机车柴油机

柴油在气缸内燃烧、活塞连杆组往复运动并带动曲轴旋转而做功。涡轮增压式柴油机利用燃烧后的废气推动涡轮增压器中的废气涡轮高速旋转后经排气管排出，而与废气涡轮同轴旋转的压气机会将柴油机的进气压力进一步提高，加大进气量，以适应海拔高度变化带来的不利影响，从而获得相比于同排量非增压式柴油机更大的功率。

对机车柴油机的性能要求是：在各种工况下有着良好的燃油和机油的消耗率；经济性良好的最低空载稳定转速；性能指标随环境条件的变化小；噪声低，排气烟尘和有害成分少；使用过程中有良好的经济性和可靠性。

机车转向架

机车转向架是机车的走行部分。具有支撑机车车体、转向、传递牵引和制动力，承受车体和轮轨间的动、静载荷等功能。转向架的特性是机车动力学性能的决定因素，直接影响到机车运行的安全性、稳定性、可靠性。

机车转向架主要由下列零部件组成：构架、轮对、驱动装置、牵引装置、基础制动装置、一系悬挂装置、二系悬挂装置、电机悬挂装置、辅助装置。

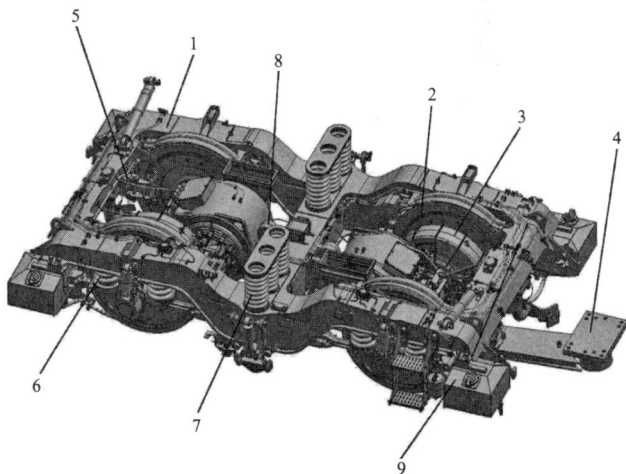

1－构架；2－轮对；3－驱动装置；4－牵引装置；
5－基础制动装置；6－一系悬挂装置；7－二系悬挂装置；
8－电机悬挂装置；9－辅助装置

机车转向架组成示意图

①构架。机车车辆转向架中用于安装各零部件并进行定位的承载结构件，一般由左右两侧梁、一个或几个横梁组成。常见的结构型式有日字型、目字型、口字型和H型等。

②轮对。由车轮、车轴、轴箱等部件组成，是转向架受力复杂的部件，在运行过程中，传递牵引力及制动力，并承受来自钢轨、道岔的垂

直和水平作用力。车轮主要分有箍车轮和整体车轮两种。

③驱动装置。传递牵引电机旋转力矩至轮对的一种机械装置，主要由齿轮箱、主动齿轮、从动齿轮、抱轴箱、传动轴承、联轴器、密封件等部件组成。机车转向架驱动装置主要有轴悬、架悬和体悬等结构型式。

④牵引装置。连接转向架与车体，主要作用是实现机车牵引和制动力的正常传递，确定车体与转向架的相对位置，同时允许转向架相对于车体的回转运动。机车转向架牵引装置主要有中心销、Z 字形牵引装置、单牵引杆、双侧平牵引杆、中央低位斜拉杆等结构型式。

⑤基础制动装置。由制动器、制动盘组成，主要有踏面制动、轮盘制动和轴盘制动 3 种结构型式。

⑥一系悬挂装置。设置在转向架构架与轴箱之间，一般由弹簧、减振器和一系定位装置组成。主要实现支撑转向架和车体、均布车轮载荷、缓和轮轨振动冲击、保证运行稳定性和安全性、绝缘和轮对起吊等功能。

⑦二系悬挂装置。设置在转向架构架与车体之间，一般由弹簧、各向减振器和止挡等组成。主要实现支撑车体、均布载荷、缓和振动冲击、保证运行稳定性和平稳性等功能。

按轴数，机车转向架分为二轴转向架和三轴转向架；按轴式，分为 B_0 转向架、C_0 转向架、A-1-A 转向架等。机车二轴转向架轴距更短、质量更轻，具有山区小半径曲线运行适应性强及直线和大半径曲线高速运行轮轨作用小等优点；机车三轴转向架具有牵引力大、轴重转移小、综合成本低等优点。

根据铁路客、货运输特点，货运机车转向架发展方向为重载，客运机车转向架发展方向为高速。重载货运机车转向架多采用驱动装置轴悬结构，重点研究降低轮轨力和磨耗、提高结构件强度和可靠性；客运机车转向架多采用驱动装置架悬或体悬结构，追求更好的高速运行稳定性、平稳性和低轮轨作用等动力学性能。

牵引传动系统

牵引传动系统是指对电能或者机械能进行传递与变换，为列车轮对提供驱动能量的系统。

牵引传动系统分为两类，电力机车（含动车组）和电传动内燃机车采用电力牵引传动系统，液力传动内燃机车采用液力牵引传动系统。

电力机车牵引传动系统主要由牵引变压器、牵引变流器和牵引电机等组成。牵引变压器对电网输入的电能进行降压，由牵引变流器对电能进行变换之后向牵引电机供电，实现对电机转矩和速度的调节。当列车处于电制动状态时，该种类型的牵引传动系统可将列车机械能转换为电能并回馈到电网，实现节能。电传动内燃机车由车上的柴油机驱动主发电机发电作为电源，然后通过牵引变流器对电能进行变换，向牵引电机供电，实现对电机转矩和速度的调节。

电力牵引传动系统分为直流传动系统和交流传动系统。直流传动系统的直流牵引电动机转速易于控制，但电机结构比较复杂，可靠性较低，功率密度小。交流传动系统电机结构简单，维修保养方便，可靠性高，功率密度大，但电机控制较为复杂。在电力牵引传动系统发展初期，直流传动系统得到了广泛应用并处于主导地位。20世纪70年代，电力电子技术的进步促进了交流电机调速技术的发展，电力牵引传动系统发生了根本变革，直流传动逐渐被交流传动所取代。

部分内燃机车采用液力牵引传动系统。该系统将柴油机输出的机械能通过液力变扭器进行传递和控制，按照列车运行的需要实现列车轮对的驱动。

受电弓

受电弓是电力机车或电动车组车顶部从接触网获取电能的装置。

受电弓的形式繁多，按臂杆的结构可以分为单臂受电弓和双臂受电弓；按受电弓框架的层数，可以分为单层受电弓和双层受电弓；按受电弓滑板的数量，可以分为单滑板受电弓和双滑板受电弓等。电力机车或电动车组上多采用单臂受电弓。

受电弓主要由受电弓弓头、上框架、下臂杆（双臂受电弓用下框架）、底架、升弓弹簧、传功气缸、支持绝缘子等部件组成。

受电弓实物图

升弓。压缩空气经受电弓阀均匀进入传动气缸，气缸活塞压缩气缸内的降弓弹簧，此时升弓弹簧使下臂杆转动，抬起上框架和受电弓弓头，受电弓均匀上升，直至接触到接触网。

降弓。传动气缸内压缩空气经受电弓缓冲阀迅速排向大气，在降弓弹簧作用下，克服升弓弹簧的作用力，使受电弓迅速下降，脱离接触网。

受电弓在静止状态下，上下均匀缓慢运行时表现出一定的机械特性。实践证明，在受电弓有效工作范围内，静态抬升力的波动范围，即受电弓上升和下降时静态抬升力之差，越小越好。

列车高速运行时，弓网接触过程中体现出的特性，主要以追随性能及空气动力学性能为主。追随性能是指受电弓在接触网的静态高度变化与动态振动状态下均能保持恒定接触压力的性能。其中，弓头质量是影响受电弓追随性能的主要参数，减小弓头质量是提高受电弓跟随能力的主要途径。列车运行速度越高，受电弓受空气动力的影响愈加显著。空气动力与静态抬升力一起形成了受电弓与接触线间的接触压力。

受流质量取决于受电弓和接触网之间的相互作用。接触网各点的弹性不同，会使接触网在受电弓接触压力作用时产生不同程度的上升，从而使受电弓在列车运行中产生上下振动。接触压力如果太小，会造成受电弓与接触网分离或接触电阻过大，从而受流质量不佳；接触压力如果太大，则会增加接触网和受电弓滑板的磨损。为保证受电弓具有可靠的受流质量，须使受电弓具有良好的追随性能及空气动力学性能，使接触压力在合理的范围内。

在列车高速运行时，受电弓在空气气流作用下抬升力增大，磨耗加剧，采用主动控制受电弓动态调节弓网间的接触压力，可有效改善弓网间的动态特性。

牵引变流器

牵引变流器是电力机车、电动车、电传动内燃机车组牵引主电路中实现直流和交流电能转换的装置，用于控制牵引电机的输出转矩，满足列车运行的需要。

◆ **发展概况**

1879 年世界第一台电力机车诞生，自此牵引变流技术逐步发展。1955 年，水银整流器机车问世，标志着牵引变流器实用化的开始。1957 年，硅整流器的发明，标志着牵引变流器跨入了电力电子时代。起初仅用大功率二极管进行交 - 直流间的不控整流。晶闸管和电子控制器件出现后，牵引变流器具有了交 - 直流间的可控整流和有源逆变功能，以及直 - 直流间的变换功能。自 20 世纪 90 年代以来，绝缘栅双极晶体管（IGBT）技术快速发展并广泛应用，以 IGBT 为开关器件的牵引变流器逐渐成为主流技术。碳化硅等宽禁带半导体器件的应用，将进一步完善和促进牵引变流器的性能和发展。

◆ **主要类型**

为适应不同的电源形式，牵引变流器可分为交 - 直 - 交、直 - 交、直 - 直 - 交 3 类。

交-直-交牵引变流器

交-直-交牵引变流器可用于干线客运电动车组和电力机车,其电能来自交流牵引供电网;也可用于电传动内燃机车,其电能由车载发电机供给。交-直-交牵引变流器主要由四象限变流器、中间直流环节和牵引逆变器构成。列车牵引时,前端交流电由四象限变流器整流成直流电,经中间直流环节稳压滤波后输出给牵引逆变器,逆变器输出三相变频变压的交流电来驱动一台或多台交流牵引电机,为列车提供动力。再生制动时,牵引电机将列车动能变为电能,通过牵引逆变器整流成直流电经直流环节进入四象限变流器,四象限变流器将电能逆变回馈给电网,实现能量回收。四象限变流器可实现能量的双向流动,还具有功率因数高、电能质量好等优点。采用矢量控制等高性能控制方法后,牵引逆变器驱动交流牵引电机可获得较为理想的稳态和动态性能。

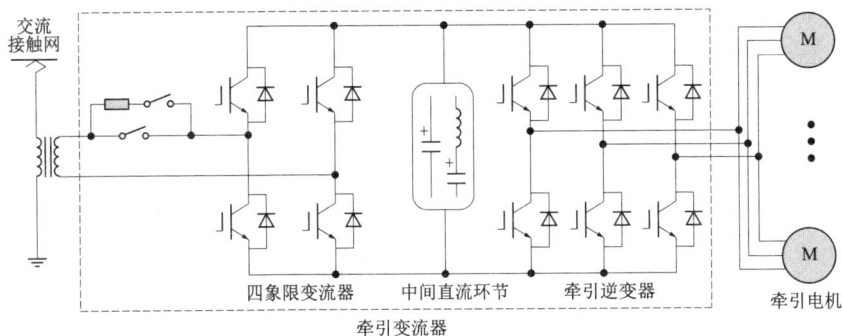

图1 交-直-交牵引变流器结构示意图

直-交牵引变流器

直-交牵引变流器用于直流供电的轨道交通车辆,主要由中间直流环节和牵引逆变器构成。

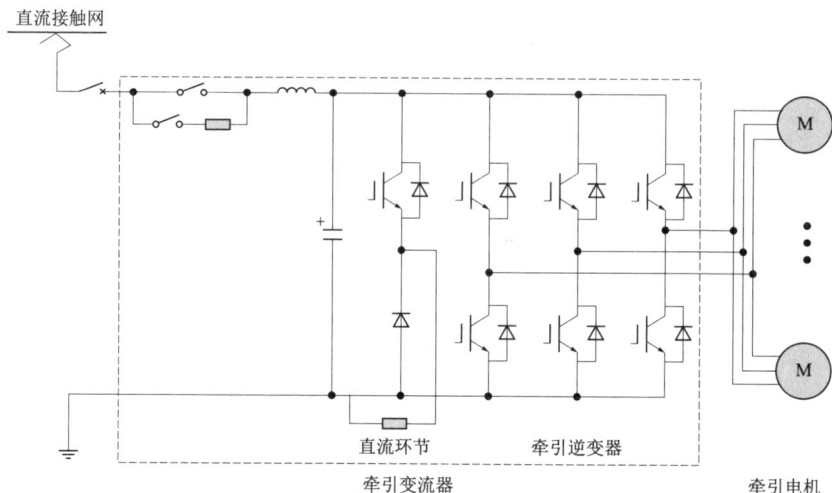

图 2　直 - 交牵引变流器结构示意图

直 - 直 - 交牵引变流器

　　直 - 直 - 交牵引变流器主要用于锂电池、超级电容等储能器件驱动的列车，系统电能来自车载储能器件。直 - 直 - 交牵引变流器主要由直 - 直变换器、直流环节和牵引逆变器构成。牵引时，储能系统经直 - 直变换器向逆变器供电。再生制动时，电能将反馈给储能系统。到站停车时，车外电源给车载储能系统充电。

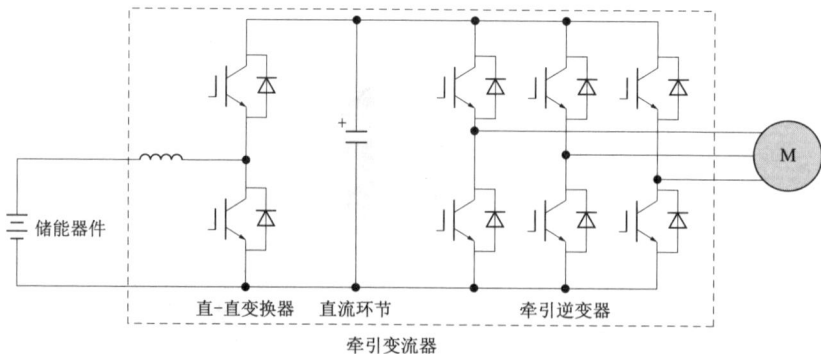

图 3　直 - 直 - 交牵引变流器结构示意图

机车车辆牵引变压器

机车车辆牵引变压器是指安装在电力机车或电动车组上将外部供电电压降低到满足车上电气设备使用电压的专用变压器。

在交流电力牵引系统中，牵引网采用高压供电。中国电气化铁路牵引网采用 25 千伏（50 赫兹）标称电压，德国铁路则采用 15 千伏（16.667 赫兹）标称电压，而机车车辆上的牵引和辅助用电设备额定电压一般低于 3 千伏，这就需要在机车车辆上通过专用降压变压器，把适合远距离输送大容量电能的高电压降至满足车上电气设备使用的电压。

电力机车或电动车组牵引变压器系单相变压器，负载变化大、电压波动范围宽，并要求体积小、重量轻、抗振性能好。由器身、油箱、冷却系统、保护装置和出线装置等部件组成。变压器额定容量通常略高于牵引设备总额定功率，高压侧额定电压与牵引网标称电压一致，低压侧一般有多个绕组，用以给多个牵引变流设备分别供电。除牵引绕组外，一些车型变压器的低压侧还设有为机车车辆辅助用电设备供电的辅助绕组。为减少牵引绕组间的耦合影响，变压器绕组一般采用分裂式结构，就铁芯型式而言，既可采用芯式结构，亦可采用壳式结构。受安装空间所限，要求变压器结构紧凑，电力机车一般采用立式安装，动车组多采用卧式安装。由于变压器存在铁耗（励

动车组牵引变压器

磁损耗）和铜耗（绕组损耗），需要配备冷却系统，可采用通风冷却，亦可采用液体冷却。另外，有些机车车辆的电力牵引传动系统中，需要配置电抗器，通常电抗器可以同变压器采用一体化设计。

牵引电机

牵引电机是指电力机车、电力传动内燃机车和电动车组上用于电能和机械能相互转换，为列车提供牵引和制动力的装置。

牵引电动机是在机车或动车上用于驱动一根或几根动轮轴的电动机。牵引电动机有多种类型，如直流牵引电动机、交流异步牵引电动机、交流同步牵引电动机和直线牵引电动机等。交流异步牵引电动机是随着大功率变流器件和控制技术的迅速发展而发展起来的，与直流牵引电动机相比，取消了换向器和电刷，结构简单可靠，体积小，转速高，具有很好的运行效果。

牵引发电机专用于电力传动内燃机车，以供给牵引电动机电力的发电机，又称主发电机。牵引发电机有直流和交流两种。直流牵引发电机直接向直流牵引电动机供电。交流牵引发电机发出的三相交流电经硅整流器整流后再向直流牵引电动机供电。

**中国研制出的时速 400 千米的
永磁同步牵引电机**

各国铁路机车和动车组广泛采用三相交流异步变频牵引电动机。法国、德国、日本和中国等开展了永磁同步牵引电机的试验和应用。

机车车辆钩缓装置

机车车辆钩缓装置是指实现机车车辆相互连挂，传递牵引力、压缩力并具有缓和纵向冲击作用的装置。

中华人民共和国成立后，对遗留下来的近3万辆货车和少量机车、客车装有12种型式车钩和9种型式缓冲器进行整合，于50年代中期确定了2号、15号车钩为货车和客车的主型车钩，1号和2号、2号缓冲器分别为客车和货车的主型缓冲器。1965年，开始研发货车用3号车钩和MX-1型缓冲器。1979～1992年，完成对13号车钩的改进，并研发23号、16号和17号车钩，改进了MX-1型缓冲器，并研发处MX-2和MX-3型缓冲器。1996年以来，密接式车钩和环簧型、液气型、胶泥型等新型减振器被大量研发。

钩缓装置安装于机车或车辆两端，将相邻机车或车辆连接在一起，由车钩、缓冲器、连接与支撑件、解钩装置组成。依车种不同分为客车、货车和机车车钩缓冲装置三大系列。按相邻车钩间是否允许垂向位移，分为刚性车钩和非刚性车钩；按相邻车钩间是否允许纵向相对位移，分为密接式车钩和非密接式车钩；按车钩与缓冲器之间是否固定连接，分为分体式车钩和一体式车钩。还可依可否折叠和伸缩、是否用于救援等进行分类。

根据吸收能量介质的不同，一般将缓冲器分为摩擦式缓冲器、橡胶缓冲器、弹性体缓冲器、弹簧缓冲器、弹性胶泥缓冲器、气液缓冲器，有的缓冲器有两种或两种以上介质组合以达到更合理的综合性能。

中国铁路机车、货车、普通客车的车钩缓冲装置多为非刚性分体式非密接钩缓装置（图1），主要由车钩、钩尾框和缓冲器组成，这种钩缓装置结构简单，更换维修方便，应用非常广泛。

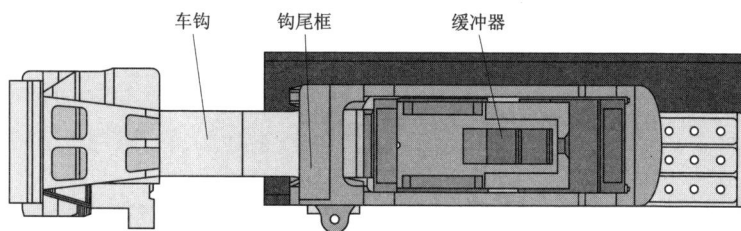

车钩　　　钩尾框　　　　缓冲器

图1　非刚性分体式非密接钩缓装置示意图

中国铁路主型动车组车钩缓冲装置为刚性一体式密接钩缓装置，根据连接和拆分的自动化程度不同，可分为全自动、半自动和半永久钩缓装置，在动车组的不同位置可选用不同类型。全自动钩缓装置由机械车钩、电气车钩、缓冲器、安装部件等组成（图2），其结构复杂、功能全面，可快速实现列车间机械和电气自动连接，一般安装在列车的首尾端，用于列车之间的重联；半自动钩缓装置用于列车动力单元之间的连接，可自动进行机械连接，电路或气路需要手动连接；半永久钩缓装置用于同一动力单元车辆之间的连接，由牵引杆、缓冲器或压溃管组成，结构简单，需要手动连接。

根据应用条件的不同，车钩缓冲装置还提供相应的辅助部件和增强部件，如为实现在非正常工况下更大的能量吸收，增加不可恢复的吸能

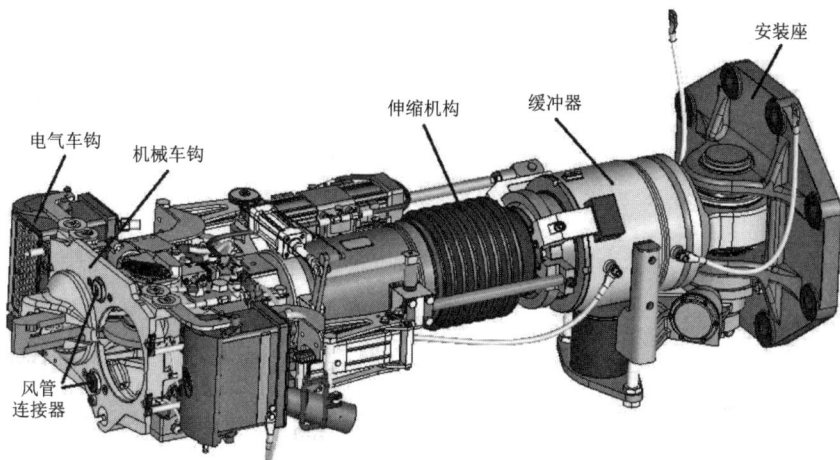

图2 机车车辆全自动钩缓装置

装置压溃管，为实现车辆间电路的快速连接，增加电气车钩等。

欧洲铁路的普通机车、客车、货车钩缓装置多采用螺旋车钩与两侧缓冲饼组合，部分机车车辆也采用了类似图1所示的钩缓装置，动车组则采用了密接式钩缓装置。

列车制动

列车制动是指人为或设备使列车减速或阻止其加速的行为过程。司机或车载信号装置通过列车制动执行装置实施列车制动。列车制动的实质是列车动能的转移，即在制动过程中，列车制动装置将列车的动能转化为其他形式的能量，从列车上移出或储存。不同的列车动能转移方式或不同的制动力形成方式构成了各种制动方式。列车制动的目的有：使列车在规定的制动距离内安全停车，调节列车的运行速度或使停止的列车保持状态、不致溜逸。由此，形成了不同的列车制动工况。

◆ 制动力

制动力是制动装置产生的与列车运行方向相反的外力。制动力大小由司机或车载信号装置控制，作用是使列车产生减速度或在长大下坡道上防止列车超速，以及防止列车在停放时由于坡度或大风而溜逸。

制动力按其产生方式，可分为黏着制动力和非黏着制动力。

黏 着 制 动 力

黏着制动力的产生过程如图所示。轮对与钢轨接触并存在黏着作用，当轮对在制动装置（如电机或机械制动装置）传来的旋转力矩 T 的作用下，轮轨间出现相对运动的趋势时，轮对就对钢轨产生一个作用力 B'，如忽略轮对转动惯量的影响，其值 $B'=T/R$。当 B' 小于等于轮轨间的黏着力（轮轨间正压力与黏着系数的乘积）时，钢轨对轮对产生反作用力 B。这一与列车运行方向相反的外力即为制动力。B 与 B' 为相互作用力，二者大小相等，方向相反。

黏着制动力的大小受轮轨黏着力的限制，当 B' 大于轮轨间的黏着力时，轮轨间的接触状态由黏着转为滑行，由于轮轨间滑动摩擦系数小于黏着系数，因此，在滑行状态时制动力 B 将小于 B'。

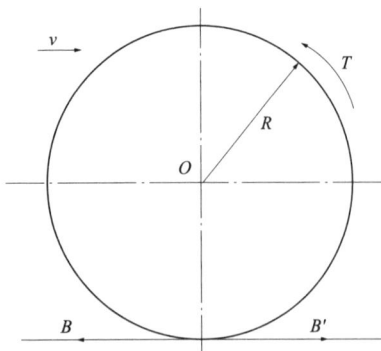

黏着制动力产生示意图

非 黏 着 制 动 力

非黏着制动力是指不依赖轮轨间黏着作用所产生的制动力，如磁轨制动、轨道涡流制动和风阻制动等方式，其大小不受黏着力的限制。

◆ **制动距离**

制动距离是指从司机和车载信号装置下达制动指令开始，到列车停止所驶过的距离。

制动距离是综合反映列车制动装置性能和实际制动效果的综合技术指标。制动距离取决于制动初速度、制动性能（包括制动能力和制动系统的响应速度等）、列车编组情况和运行阻力等因素，其中，最主要的影响因素是制动初速度和制动性能。

为确保行车安全，各国铁路根据各自制动技术水平制定出自己的制动距离标准——紧急制动距离限值。中国铁路规定的紧急制动距离限值见表。

中国铁路紧急制动距离限值表

列车类型	最高运行速度／ （千米·时$^{-1}$）	紧急制动距离 限值／米
旅客列车	120	800
	140	1100
	160	1400
动车组	200	2000
	250	3200
	300	3800
	350	6500
特快货物班列	160	1400
快速货物班列	120	1100
货物列车（货车轴重＜25 吨，快速 货物班列除外）	90	800
	120	1400
货物列车（货车轴重≥25 吨）	100	1400

根据紧急制动距离和制动性能可以确定特定列车在指定坡道线路上允许的最高运行速度，即紧急制动限速。紧急制动限速可作为列车自动驾驶或保护装置等对列车运行速度进行控制的依据之一。

根据制动工况的不同，一般有紧急制动平均减速度和最大常用制动平均减速度两个指标。

◆ 制动工况

根据运用状态，列车施加的不同制动类型，称为制动工况。制动工况主要包括常用制动、紧急制动和停放制动。

常用制动，正常情况下为调节或控制列车速度而施行的制动，包括进站停车制动。常用制动的制动能力根据列车运行需要可在最大常用制动范围内调节，通常最大制动能力为列车制动能力的80%。常用制动的特点是制动力上升比较缓和。常用制动指令可由司机通过控制器、车载信号装置下达。当列车中有多种制动方式共存时，常用制动过程往往采用复合制动的方式实施，即制动过程由多个制动方式共同协调完成。

紧急制动，是在紧急情况（如列车严重超速、分离等）下为使列车尽快停住而施行的制动。其特点是使用列车制动能力的100%且制动力上升迅速。紧急制动根据制动指令传输途径和制动方式的不同，可以分为非常制动（或称快速制动）和紧急制动两种。①非常制动。制动能力比常用制动更大的一种制动工况，其指令传输途径和制动方式与常用制动相同。②紧急制动。通过控制紧急制动安全环路得、失电实施的制动或缓解指令，一般采用安全环路失电制动的模式。紧急制动指令除由列车运行控制系统或司机室紧急制动按钮发出外，也可以由其他的自动检测、防护系统（如总风压强不足、列车分离、列车失电等）发出。为保证紧急制动的可靠实施，通常只采用盘形或踏面制动方式，不通过计算机软件控制。紧急制动在列车停止前一般不能缓解。

停放制动，是为了使列车停放在一定坡度的线路上不发生溜逸而施加的制动。停放制动可利用专门的弹簧停放装置实施，也可将铁鞋放在车轮踏面下阻止列车运动。

机车车辆基础制动

机车车辆基础制动是指机车车辆空气制动系统中，对制动缸推力进行传递、扩大、分配的部分。通常指踏面制动或盘形制动方式的制动执行装置，其作用是将制动控制系统产生的机械推力或拉力传递、放大并分配到各闸瓦（片）上，使其紧压车轮踏面或制动盘而产生制动作用。

按车型和转向架的不同，基础制动装置可分为"散开式"和"单元式"两种。

传统的踏面制动大多采用"散开式"，即每辆车或每个转向架配备一个制动缸，制动缸的推出力通过一系列杠杆、拉杆（或推杆）和制动梁、闸瓦托传递到闸瓦（图1）。当此类基础制动装置配置双向闸瓦间隙调整器（简称闸调器）时，往往将基础制动装置中的一根拉杆（或推杆）或它的一部分用闸调器替代（图2、图3）。双向闸调器既可以弥补由于制动时闸瓦磨耗引起的制动缸活塞行程过长，也能自动调节由于更换新闸瓦带来的制动缸活塞行程过短。

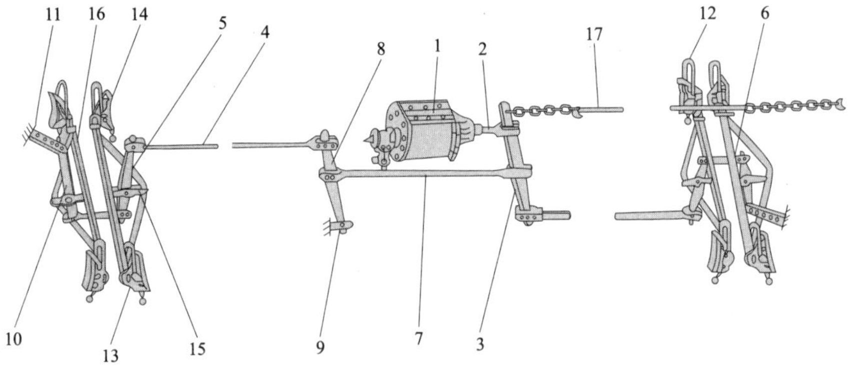

1- 制动缸；2- 制动缸活塞推杆；3- 制动缸移动杠杆；
4- 上拉杆；5- 移动杠杆；6- 下拉杆；7- 连接拉杆；
8- 制动缸固定杠杆；9- 制动缸固定杠杆托；10- 固定杠杆；
11- 固定杠杆支点；12- 闸瓦托吊；13- 闸瓦托；14- 闸瓦；
15- 制动梁支柱；16- 制动梁；17- 手制动拉杆

图 1　每车配置一个制动缸的单侧闸瓦基础制动装置示意图

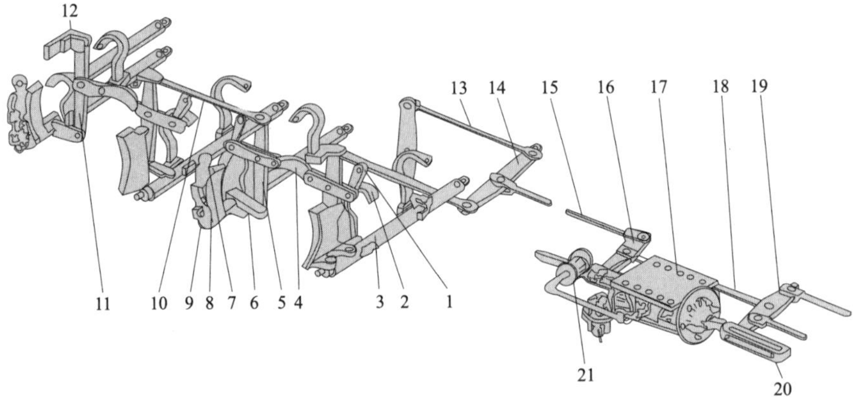

1- 拉吊杆；2- 制动梁缓解弹簧；3- 制动梁；4- 移动杠杆拉杆；
5- 移动杠杆；6- 制动梁下拉杆；7- 闸瓦托吊；8- 闸瓦；9- 闸瓦托；
10- 移动杠杆上拉杆；11- 固定杠杆；12- 固定杠杆支点；13- 均衡拉杆；
14- 均衡杠杆；15- 均衡杠杆拉杆；16- 制动缸固定杠杆；
17- 制动缸；18- 连接拉杆；19- 制动缸移动杠杆；
20- 制动缸活塞杆槽孔十字头；21- 闸调器

图 2　每车配置一个制动缸的双侧闸瓦基础制动装置示意图

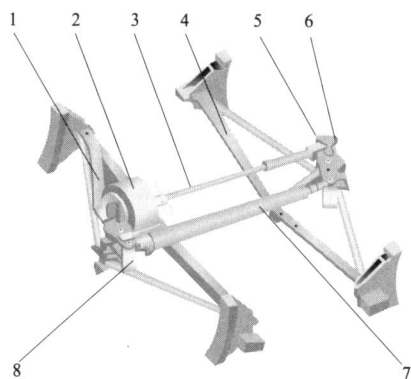

1- 手制动杠杆（制动缸侧杠杆）；
2- 制动缸；3- 制动推杆；
4- 制动梁；5- 非制动缸侧杠杆；
6- 非制动缸侧 J 型杠杆；
7- 闸调器；8- 制动缸侧 J 型杠杆

图 3　每个转向架配置一个制动缸的
基础制动装置示意图

"单元式"基础制动装置又称制动单元（单元制动装置）。用于踏面制动方式的称为踏面制动单元，由一个与箱体一体的制动缸、安装于箱体内的紧凑增力机构、用以补偿闸瓦磨耗对制动缸活塞行程影响的单向闸瓦间隙调整器、一个闸瓦托和闸瓦组成，部分带停放功能的踏面制动单元在此基础上增加一个由弹簧提供停放源力的停放缸（图 4）。用于盘形制动方式的又称盘形制动单元。鉴于盘形制动方式的结构特点，盘形制动单元的增力机构（夹钳）将制动缸的推出力通过一副闸片托传递至闸片，单向闸片间隙调整器根据设计不同有与制动缸一体和独立的两种（图 5、图 6）。

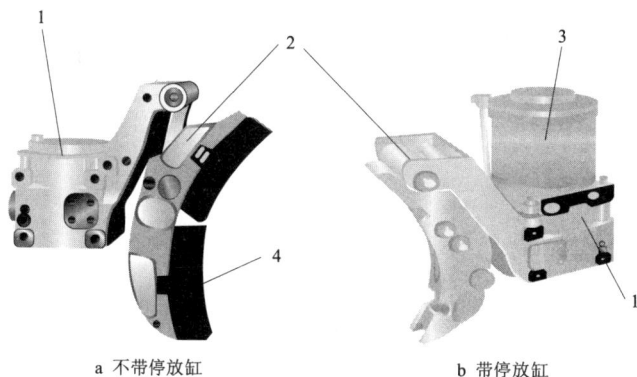

a 不带停放缸　　　　　b 带停放缸

1- 制动缸；2- 闸瓦托；3- 停放缸；4- 闸瓦

图 4　踏面制动单元示意图

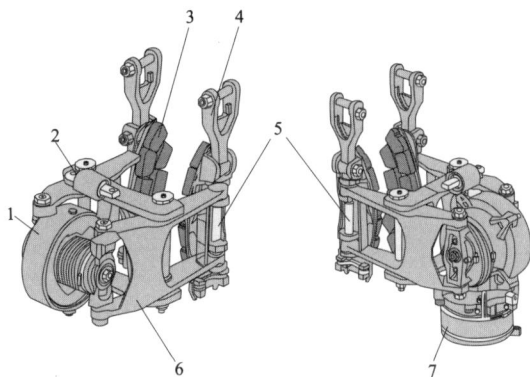

1- 制动缸（内含间隙调整器）；
2- 制动夹钳吊座；3- 闸片；4- 闸片托吊干；
5- 闸片托；6- 制动夹钳；7- 停放缸

图5　盘形制动单元示意图
（间隙调整器与制动缸一体）

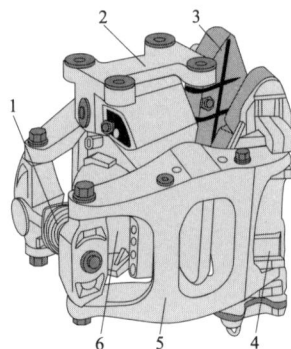

1- 间隙调整器；
2- 制动夹钳吊座；
3- 闸片；4- 闸片托；
5- 制动夹钳；6- 制动缸

图6　盘形制动单元示意图
（间隙调整器独立）

机车车辆防滑器

机车车辆防滑器是防止机车车辆制动过程中车轮与钢轨间产生滑动的装置。

施加在车轮上的制动力大于轮轨之间的黏着力，则车辆的轮对会抱死，在钢轨上产生滑行，导致轮和轨都会有不同程度的擦伤。防滑器是有效防止轮对擦伤的装置。

防止滑行的技术措施：首先，在车辆设计时采用较低的黏着系数，使制动力始终小于黏着力；其次，为防止制动力过小导致制动距离延长，采用防滑器根据黏着力的大小实时调整制动力，在轮对即将产生滑行时适当减小制动力，使制动力低于当时轮轨黏着状态下的黏着力，黏着力增大时，轮对恢复转动后再恢复到当时车辆施加最大制动力的装置。

　　20 世纪 60 ～ 70 年代，各国铁路开始探索根据黏着状况调整制动力大小，初步形成了防滑器的雏形，经历了纯机械式、电子式至微机控制式的发展过程。纯机械式防滑器是将回转体的惯性转换成位移去打开阀门，以减少减速度超限的车轴制动力。电子式防滑器是将多种防滑判据标准设计成各种比较电路，当车轴的转速差超过限值时减少该轴的制动力。微机控制式防滑器是利用微机的计算能力算出各轴的速度、速度差、减速度等参数，根据各参数的变化来减少该轴制动力。

　　20 世纪 90 年代，中国铁路研制成功了微机控制式防滑器，在提速旅客列车上投入应用，此后陆续在新造客车及动车组上使用。

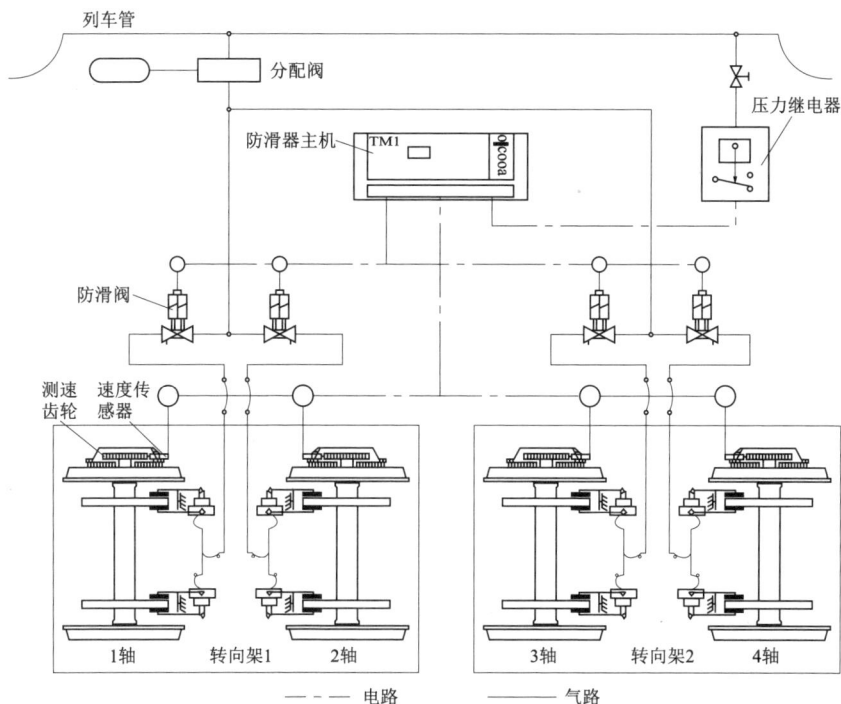

防滑器系统示意图

防滑器工作原理：安装在各轮对上的传感器获得速度信号，经主机处理后，得到相应的速度、速度差、滑移率及减速度，与相应的判据进行比较。当达到有关判据标准时，主机立即启动防滑排风阀动作，调节制动力，避免滑行。当轮对恢复正常转动时，主机调整防滑排风阀再充气恢复制动力。

防滑器有效解决了列车制动时轮对擦伤的问题，减少了因更换轮对而造成的直接和间接经济损失。

列车网络控制系统

列车网络控制系统是指基于计算机网络技术的车载分布式计算机控制系统，是列车的神经中枢。

列车通信网络借助某种通信介质将列车内各功能单元或可编程设备连接起来形成网络控制系统，实现车载设备之间的信息交互与共享，共同完成对整列车的牵引与制动控制，实现对列车运行速度的调节，并对包括车门、空调等车载设备进行相应的控制、状态监视、故障诊断、旅客信息服务。

列车网络控制技术是随着对列车运行安全可靠、性能不断提高等要求以及计算机技术、通信技术、控制技术的发展而发展起来的，通过标准化、模块化的软硬件，实现对整列车的速度控制、车辆的控制、传动装置的控制等分级控制和状态监测。

◆ **列车通信网络**

通信网络技术从简单串行通信发展到网络化并形成了企业标准和国际标准。绞线式列车总线（Wire Train Bus; WTB）及多功能车辆总线（Multifunctional Vehicle Bus; MVB）是以 SIMENS 和 ADtranz 等公司的原有技术为原型，经共同开发后形成的；法国铁路多采用 ALSTOM 的 WorldFIP 协议作为列车级总线和车辆级总线协议；日本铁路列车的车载网络以工业控制网络 ARCNET 令牌环网作为主干网，车辆总线采用基于高级数据链路控制（High-Level Data Link Control; HDLC）的 RS485 总线；美国铁路运输以货运为主，大量采用包括 Lonworks、CAN、无线通信等通用技术或在通用技术基础上的改进技术。

中国铁路在中国标准动车组上采用 WTB/MVB+工业以太网的架构，各国铁路也在实践把实时以太网作为列车车载通信网络。

◆ **主要节点设备**

主要节点设备包括：

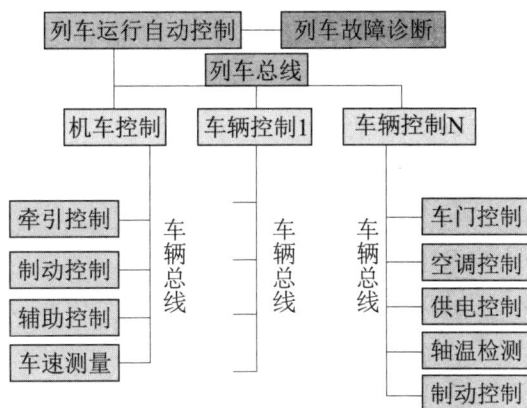

列车网络控制系统结构示意图

①中央控制单元（Central Control Unit; CCU），是列车网络控制系统中列车级的具有控制、通信、诊断、维护和调试功能的核心设备。中央控制单元的主要功能为：对整列车的牵引、制动、高压、辅助供电、车门、空调、照明等系统进行逻辑控制、状态监测、故障诊断；CCU 作为列

车通信网络的主设备节点，统一调度管理整个网络中所有节点的通信过程；CCU 通过网络通信实时收集列车整车范围内各个子系统的运行数据，监测各系统的运行状态，当异常发生时发送故障信息给列车司机显示屏并记录故障，同时按照事先设定的导向安全措施保护列车正常运行。

②车辆控制单元（Vehicle Control Unit; VCU），是列车网络控制系统中车辆级的核心设备。车辆控制单元的主要功能是执行车辆级的牵引、制动、调速控制、逻辑控制等。在列车通信网络中，MVB 为主从式通信网络，VCU 为本车辆主从式网络的主设备节点，统一调度管理MVB 网络中所有节点的通信过程。

③牵引控制单元（Traction Control Unit; TCU）也称驱动控制单元（Drive Control Unit; DCU），是列车网络控制系统中驱动控制级的核心设备。牵引控制单元根据接收到的牵引、惰行、制动等指令，结合列车不同运行工况控制牵引系统的牵引变流器和牵引电机等电气设备动作并监测其工作状态，实现对列车牵引力与运行速度的调节。

④制动控制单元（Breaking Control Unit; BCU），是列车网络控制系统中制动控制的核心设备。制动控制单元根据接收到的制动指令（如司机制动手柄、信号装置的动力制动、空气制动请求）和当前列车的运行速度、载重等状态信息，计算并生成制动缸压力，分配和调整电空制动力、摩擦制动力，进行制动系统诊断和滑行保护。

⑤辅助系统控制单元（Auxiliary Control Unit; ACU），是列车网络控制系统中辅助系统控制设备。列车辅助系统控制单元主要对列车辅助电源系统的变流器输出进行变频变压和定频恒压调节、对蓄电池充电机

进行控制和管理。

⑥司机显示屏（Driver Display Unit; DDU），也称为人机接口装置（Human Machine Interface; HMI），是列车网络控制系统中连接在车辆级总线的节点装置，一般设置在司机室和机械师室（或监控室）。HMI可提供司机操纵模式、机械师模式、维护模式等多种显示模式，以图形化或数字化的方式显示列车主要运行状态信息和诊断信息，如受电弓升弓降弓、主断路器闭合断开、车辆速度、牵引、制动、辅助系统、车门、空调、照明等状态。还可以通过人机接口显示屏发布部分控制操作指令，如受电弓、主断路器、车顶隔离开关的升降与开合，空调的温度调节，恒温恒速设定、设备切除等。是列车网络控制系统中的重要设备之一。

⑦输入输出模块（IOM），列车网络控制系统中连接在车辆级总线的节点装置。通过该设备将不具有网络接口的设备、传感器等的输入输出信号进行连接，例如：高压系统的控制继电器、牵引系统冷却设备供电开关及控制继电器、火灾报警信号、安全环路状态继电器等，并依据中央控制单元／车辆控制单元控制指令进行输出控制。

⑧网关（GW），是指在不同网络协议的网络间实现协议变换和双向数据传输的装置，在列车通信网络中用来把列车级总线和车辆级总线连接起来，如 WTB/MVB 的 TCN 网关。网关要保证列车级总线和车辆级总线网络通信的实时性、可靠性以及数据分配的合理性。

⑨中继器（Repeater），列车通信网络中一般是连接在车辆级总线的节点装置，进行信号整形和再生，用于扩展总线长度和节点容量，也可作为通信介质的转换装置。MVB 中继器采用双路冗余，通过中继器

将车辆总线分为若干网段，当某个网段故障或单一总线故障时，中继器会切换总线或隔离故障，避免影响其他网段车辆总线的工作。

◆ **作用及影响**

列车网络控制系统工作在电磁干扰、振动、低温等恶劣环境下，控制整个列车安全稳定运行，具有控制实时性强、可靠性要求高等特点。网络或节点设备发生故障时，具有自我保护、联锁保护和热备冗余等功能。发生严重故障要导向安全模式，记录故障，将影响降低到最小。

第 **7** 章

动车组

动车组是指在轨道上成组运行的由若干动车（有动力装置）和拖车（无动力装置）组成固定编组、两端设有司机室的车组。

根据动力源的不同，动车组可分为内燃动车组、电力动车组和混合动力动车组。按照动力配置方式，分为动力集中式和动力分散式。按照运载对象，分为客运动车组和货运动车组。根据动车组的最高运行速度，可分为普速动车组、快速动车组和高速动车组。普速动车组最高运行时速是 140 千米，主要用于城市轨道交通；快速动车组最高运行时速是 200 千米，主要用于市域快轨、城际铁路或快速干线铁路；高速动车组最高运行时速在 250 千米及以上，主要用于客运专线和高速铁路。

◆ **内燃动车组**

内燃动车组是指以内燃机作为动力装置，装有驱动车组行走的柴油机组。内燃动车组可采用电力、液力和机械传动方式，其中以前两者居多。电力传动是由柴油机驱动发电机，向牵引电动机供电驱动车组行走；液力传动是将柴油机发出的动力传递到液力变速器，以液压油为介质通过液力涡轮、液力变矩器和液力耦合器等原件将能量传递到车轮，变成驱动车轮的动力。

◆ **电力动车组**

电力动车组由外部提供直流或交流电源，经变换，驱动交流电动机作为动力的车组称为交流传动动车组。交流传动具有启动牵引力大、恒功率范围宽、电机轻且维护简单、功率因数高、等效干扰电流小等诸多优点。驱动直流牵引电机作为动力的车组称为直流传动动车组。

◆ **混合动力动车组**

混合动力动车组采用两种或两种以上动力源，可由"接触网＋储能装置""接触网＋内燃动力包""接触网＋内燃动力包＋储能装置""内燃动力包＋储能装置"等方式提供动力，能满足电气化铁路与非电气化铁路跨线运行以及电气化铁路接触网故障时应急运行的需求。此外，能够用更小功率和体积的动力包实现相同的列车牵引性能，同时通过优化的能量管理策略，可以实现内燃动力包在高效低排模式下运行，减小对环境的污染。2021 年 7 月，"复兴号"高原内电双源动车组在拉萨至林芝铁路投入运用。

◆ **动力集中动车组**

动力集中动车组是两端为动力车（或一端为动力车，另一端为设有司机室的非动力车）、中间为拖车的配置。其特点是动力装置集中在端部的动力车，为一个完整的动力单元，编组灵活，检修方便，但

图 1 "复兴号"动力集中型
电力动车组列车

动车的轴重较大。

◆ 动力分散动车组

动力分散动车组的部分或全部为动力车。动力车分布在车组的不同位置，动力设备安装在车体下部，有效利用了空间，提高了载客能力，平均轴重较小，总牵引功率较大，制动效率较高，起动加速和制动减速性能较好。

中国最新型的"子弹头"动力分散内燃动车组的面世

图2　动力分散动车组列车

填补了中国新型动车组技术的空白。该动车组是世界上流行的中短途铁路主要运输工具，其牵引方式和传动方式呈多元化发展趋势，由于采用动力分散技术大大提高了载客量。

◆ 客运动车组

客运动车组是用于运送旅客的动车组。适应不同站台高度，客室内的温度、湿度、振动、噪声和空气洁净度满足旅客乘坐舒适性要求，提供多样化旅客服务，具有大件行李的安放空间。

◆ 货运动车组

货运动车组是用于运送高附加值快捷货物的动车组。采用模块化、标准化的货物装卸模式及配套设施，实现快捷装卸，具备货物追踪、防火、防盗、监视、重量管理、加固、冷藏等功能。

◆ **可变轨距动车组**

可变轨距动车组能够适应不同轨距的轨道。装有可变轨距转向架，通过调整轮对内侧距满足列车在不同轨距的轨道上运行。轮对结构是实现轨距变换的关键，可分为传统轮对结构和独立轮对结构。

内燃动车组

内燃动车组是指以内燃机作为动力装置的动车组。

内燃动车组按照动力配置方式，可分为动力集中式和动力分散式两种。动力集中式内燃动车组动车布置在车组端部，动车安装内燃动力装置、传动装置、辅助供电装置、制动装置，拖车用于载客。动力分散式内燃动车组是由若干动车和拖车组成，动力装置大多分布安装在动车车体下，有效利用了空间，提高了载客能力。

内燃动车组按照传动方式，分为液力传动和电传动两种。液力传动系统主要包括液力变扭器和液力耦合器。电传动系统分为两种，一种是交-直系统，主要包括交流发电机组、整流器和直流牵引电机等；另一种是交-直-交系统，主要包括交流发电机组、变流器、逆变器和交流牵引电机等。

内燃动车组主要用于非电气化铁路，且可以用于电气化铁路，其运行时速多在100～160千米，多采用交-直-交电传动的动力分散形式，柴油机组向小型化、集成化发展。

20 世纪后期，中国铁路研制了动力集中内燃动车组。1998 年，"庐山"号双层内燃动车组在南昌至九江区间投入运营；1999 年，"新曙光"号准高速双层内燃动车组在沪宁（上海—南京）线上投入运营；2008 年，"和谐长城"号内燃动车组在北京至八达岭区间开行。

京张铁路 S2 线动车组

电力动车组

电力动车组是以电能驱动的动车组，又称电动车组。

电动车组按照动力配置方式，可分为动力集中式和动力分散式两种。动力集中式是指列车的牵引动力集中在列车组的两端车辆上，动力分散式是指列车的牵引动力分散在列车组的部分或全部车辆上。动力分散式电力动车组因动力全车分布，具有较高的起动加速度，有利于降低轴重，提高定员，增强可靠性等技术优势，因此作为电力动车组的主流，在全球范围内被广泛应用。动车组一般采用动力车的数量和非动力车的数量表征动车组的动力配置，如 4 动 4 拖即一列 8 辆编组的动车组（简称 4M4T），8 动 2 拖是一列 10 辆编组的动车组（简称 8M2T）。

电力动车组的关键技术主要包括以下方面：动车组总成、车体、转向架、牵引传动控制系统、列车控制网络系统、制动系统等。①动车组总成。关键技术包括总体技术条件、系统匹配、设备布置、参数优化、工艺性能、组装调试和试验验证，同时还要确定动车组与运行系统的接口关系，如轮轨匹配关系、弓网关系、流固耦合关系、机电耦合关系、环境耦合关系等。②车体。关键技术有轻量化、制造工艺、模块化、气动外形、车体密封等。③转向架。关键技术有轻量化、悬挂装置、驱动、牵引电动机悬挂等。④牵引传动控制系统。采用先进的交流（交－直－交）传动系统，关键技术有重量轻、体积小、效率高的牵引变压器，模块化、系列化和小型化的主变流器，重量轻、功率大、损耗低、结构简单、无油泄漏的同步牵引电动机，控制简单、性能优良和鲁棒性较强的牵引传动控制系统。⑤列车控制网络系统。由列车控制级、车辆控制级和功能控制级组成，关键技术有运行监控、故障检测与诊断以及通信网络系统。⑥制动系统。关键技术有基础制动、动力制动、复合制动、非黏着制动、防滑控制等。

中国铁路运营中普遍使用的是"和谐号"和"复兴号"动车组。"和谐号"动车组主要包括在铁路干线运行的 CRH1、CRH2、CRH3、CRH5、CRH380、CRH6 等车型。"复兴号"动车组于

"复兴号"中国标准动车组

2017 年 6 月 26 日在京沪高铁正式运营，是中国标准动车组，具有完全自主知识产权，达到世界先进水平。

综合检测列车

综合检测列车是指装备多种检测设备，用于对铁路线路、牵引供电接触网、通信、信号等基础设施进行动态综合检测的列车信号等基础设施进行动态综合检测的动车组。

日本研制并运用检测速度 200 千米 / 时的"黄色医生"和最高检测速度 275 千米 / 时的"East-i"，法国研制并运用检测速度 320 千米 / 时的"IRIS320"，意大利研制并运用检测速度 220 千米 / 时的"阿基米德"。中国研制了多种综合检测列车，能满足 250 千米 / 时和 350 千米 / 时高速铁路的检测需求。

高速综合检测列车装备专用检测系统，主要包括轨道、弓网、轮轨动力、通信、信号等检测系统，同时设有包括空间同步、时空校准、数据网络与集中监控、视频监测、数据综合处理等组成的综合系统，实现各检测系统同步检测、数据集成、综合处理和分级评判。

检测系统及功能包括：①轨道检测系统采用惯性基准法和激光摄像等技术，测量轨距、轨向、高低、曲率、水平等轨道几何不平顺参数和车体、构架、轴箱等列车动态响应参数，对线路质量进行评价。

②车辆动力学检测系统包括轮轨检测系统和空气动力学及振动检测系统。其中，轮轨检测系统采用连续式测力轮对，检测轮轨垂向力、横

向力等参数，对高速运行中轮轨关系进行评价。空气动力学及振动检测系统对不同工况下阻力、噪声、动态响应、主要承载部件载荷特征等进行实时精确检测和评价，确保高速铁路各系统的协调、安全。

③弓网检测系统具备检测弓网接触压力、硬点、火花、接触线高度、拉出值、定位器坡度、接触网电压、动车组侧电流以及弓网运行环境监视等功能，为接触网稳定运行维护提供依据。

④通信检测系统具备实时检测 GSM-R 服务质量、GSM-R 场强覆盖、网络参数、电磁环境、电路域数据通信质量等参数的功能，满足高速铁路通信设备安全运营和日常维修的需要。

⑤信号检测系统具备轨道电路、应答器、补偿电容状态检测功能，为信号设备运用维护提供依据。综合系统包括空间同步、时空校准、数据网络和集中监控、视频采集处理和车载数据综合处理等系统，发布列车统一的速度、时间、里程、视频等信息，触发各检测系统采样通道进行实时同步采集，对整列车多个检测数据在线集成、数据处理、超限历史趋势分析和分级评判等。

综合检测列车以高速动车组为载体，集现代测量、时空定位同步、大容量数据交换、实时图像识别和数据综合处理等先进技

高速综合检测列车行驶在张呼高铁上

术于一体，涉及高速铁路多个技术领域，是实现铁路营业线周期性高速综合检测和新建铁路运营开通联调联试的关键技术装备。

综合检测列车按周期开行，对高速铁路基础设施状态进行检测与评价，即对线路等基础设施进行全面"体检"，查找安全隐患与病害，为高速铁路运行安全评估和铁路基础设施的养护维修提供基础数据。

动车组转向架

动车组转向架是指具有承载车体、转向、缓冲、传递牵引和制动力等功能的动车组走行装置。转向架承受车体和轮轨间的动、静载荷，直接影响到动车组运行的安全性、稳定性、可靠性。

◆ **组成**

动车组转向架分为动力转向架和非动力转向架，主要由构架、轮对、悬挂、驱动、基础制动等装置组成。

①构架。采用钢板焊接 H 型结构，局部结构采用锻造或铸造件，由横梁、侧梁、纵向辅助梁、电机吊座、齿轮箱及制动吊座组成。

②轮对。由整体车轮和空心车轴组成，车轮通过过盈连接压装在车轴上。轮对分为动车轮对和拖车轮对，车轮分为直辐板和曲辐板结构。

③悬挂装置。由两级减振组成，一系悬挂设置在构架和轮对之间，由轴箱弹簧、一系垂向减振器、定位节点等组成；二系悬挂设置在构架与车体之间，通常由空气弹簧、横向减振器、抗蛇行减振器、横向止挡及抗侧滚扭杆、二系垂向减振器、牵引装置等组成。

④驱动装置。一端通过轴承安装于车轴上，另一端弹性地吊装于构架横梁上，联轴节采用大变位鼓型齿式结构，通常由两个对称的半联轴节构成。

⑤基础制动装置。由制动夹钳、制动盘、闸片组成。动车转向架每轴配置 2 个轮盘，拖车转向架通常每轴配置 3 ～ 4 个轮盘或轴盘。

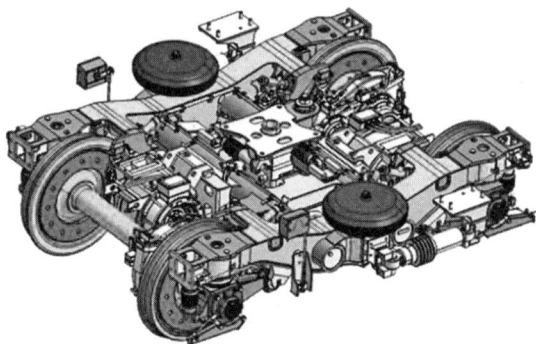

图1　动车组动力转向架结构示意图

◆ 功能

转向架主要承担承载、导向、缓冲、牵引及制动等功能：

①承载。支撑转向架以上的车体等各部分重量，承受并传递车体和转向架之间的垂向、

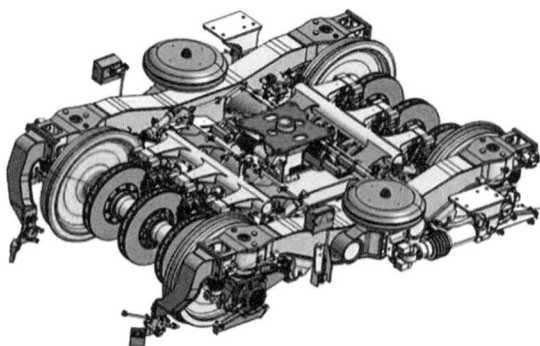

图2　动车组非动力转向架结构示意图

横向、纵向作用力，并能够将载荷均匀分配到车轮上。

②导向。保证动车组沿轨道高速稳定直线运行，同时具备良好的曲线通过性能。

③缓冲。缓和高速运行条件下线路不平顺对车辆的冲击，保证具有良好的运行平稳性。

④牵引。充分保证必要的轮轨黏着，并把轮轨接触处产生的轮周牵引力传递给车体、车钩，牵引列车前进。

⑤制动。产生必要的制动力，使车辆具有良好的制动效果，保证列车在规定的距离内减速或停车。

◆ **分类**

按照速度等级，转向架可分为 200 千米 / 时、250 千米 / 时、300 千米 / 时、350 千米 / 时、380 千米 / 时及更高速度等级转向架；按照轴箱定位型式，分为拉板式、拉杆式、轴箱转臂式等转向架；按照电机吊挂型式，分为刚性构架吊挂、弹性构架吊挂、车体吊挂等型式；按照车体与转向架连接方式，分为中心销连接、联系枕梁连接及铰接连接。

◆ **应用**

随着动车组速度的提高，日本主要采用动力分散型转向架，低轴重、小轮径、大跨距二系悬挂；法国将动力型式由集中型转变为分散型，研发了铰接型转向架，采用大轴重、大轴距、大轮径、小跨距二系悬挂；德国采用动力分散型无摇枕转向架；中国以动力分散型为主，速度等级 200 千米 / 时到 380 千米 / 时，轴

图 3　高速动车组转向架

重 14 ~ 17 吨，轮径 860 毫米和 920 毫米，空簧跨距 2040 毫米、2360毫米、2460 毫米。

动车组车体

动车组车体是承载旅客、货物及各种设备的动车组主体部分，由转向架支撑。

动车组车体一般由底架、侧墙、端墙、车顶、头部结构、车体附件（车下设备舱、前罩开闭装置、排障装置）等部分组成，为底架、侧墙、车顶、端墙共同承担的整体承载方式，需具有足够的强度和刚度。

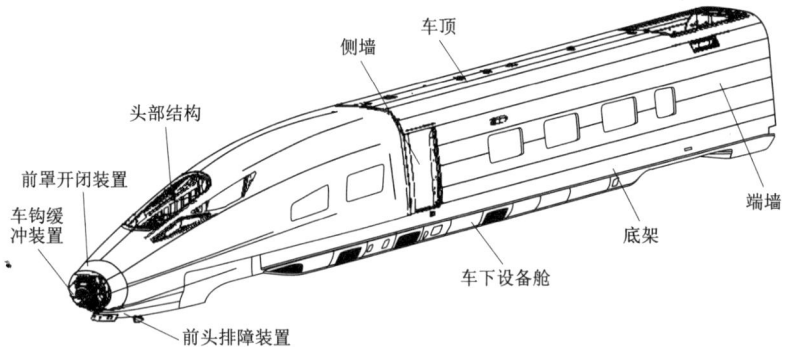

图 1 动车组车体结构示意图

动车组车体材料主要采用不锈钢或铝合金。不锈钢材料车体一般为板梁结构，耐腐蚀性好，但其焊接结构难以保证高速运行情况下的气密强度和气密性，主要用于速度等级较低的早期动车组；铝合金的比重仅为钢的1/3，铝合金车体可实现轻量化，是动车组车体主流材料。铝合金车体经历了板梁结构、单层型材和梁结构、中空型材结构三个发展过程。采用自动焊接工艺的中空挤压型材双层结构的铝合金车体具有重量轻、承载性能好、结构密封性好等优点，是优质的车体结构。

高速动车组列车比传统机车车辆的运营速度大幅增加，导致气动阻力、升力增大，通过隧道时的空气压力波动增大。为此，需对其头车车体进行流线化头型设计，并保证车体表面顺滑无突变，整车结构全密封。其中，通过

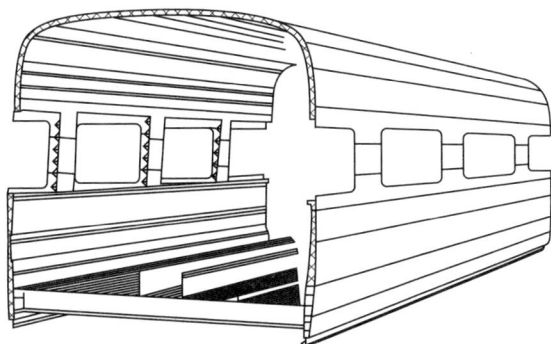

图 2　中空挤压车体型材结构示意图

增加车头长细比、控制头型椭圆截面线性变化、鼻锥扁梭形化，可实现流线化头型；通过采用鼓形车体断面，车顶设备和门窗与车体上部轮廓平齐，车下设备舱结构与车体下部断面形状吻合，实现车体平顺化；通过连续焊方式焊接车体各部分结构，并在门窗与车体间设置胶条或密封胶，实现车体密封。

车体轻量化是动车组持续优化提升的一个重要方向。在满足强度和其他使用要求的前提下，通过采用新材料和优化结构来尽可能降低车体重量，实现节能减排。轻质、高强、耐蚀的碳纤维增强复合材已经开始应用于车体结构，对于实现动车组车体结构轻量化具有重要意义。

列车空气动力学

列车空气动力学研究列车与空气相对运动时，空气动力特性及其对列车和周围环境的影响，是空气动力学的一个分支，源于流体力学和经典空气动力学，是为轨道交通提速和高速运行需要而发展的学科。

◆ 研究背景

在大气环境中高速运行的物体，会出现多种空气动力问题，从而形成了空气动力学这门源于流体力学且工程实用性很强的科学。航空工业推动其早期迅速发展，但以飞机为前提的空气动力学不可能完全适应其他行业发展的需求。列车是在地面上高速运行的长大物体，既不同于汽车，也不同于航空航天飞行器。当两列车在铁路复线相对运行交会时引起的空气压力冲击波、列车在隧道内运行时的空气压力变化以及列车风对周围环境的影响等，都是列车高速运行时所特有的空气动力问题，需要专门研究。列车运行速度愈高，对列车和周围环境影响愈突出。

◆ 发展概况

1964 年，日本建成世界上第一条高速铁路，多个国家和地区相继开展高速铁路建设，开展列车空气动力学研究，以解决速度提高后出现的列车空气阻力和交会压力波等问题。为减小阻力、降低能耗、提高舒适度、减少环境影响，列车空气动力学研究已从轮轨系统高速列车低速流动空气动力学发展到高速磁浮列车亚音速流动空气动力学。在中国，高速铁路发展中不仅开展了高速列车－隧道（隧道群）、列车－桥梁等新的动态耦合空气动力学的研究，还开展了大风环境下的列车空气动力特性等研究。

◆ 研究内容

列车空气动力学的主要研究内容包括：

列车在各种运行环境下的空气动力特性。包括线路－桥梁－隧道等特殊环境下列车空气阻力、升力、横向力及其相应的气动力矩，列车表面压力分布，列车周围流场（侧部及尾部流场）特性、列车交会空气压力波特性等。

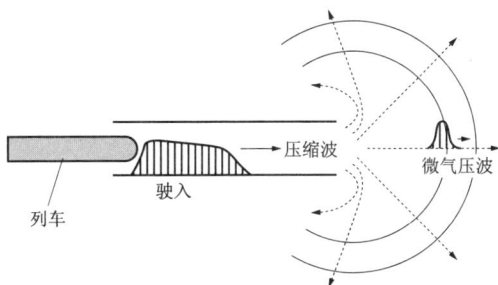

图1　列车过隧道的空气动力示意图

影响列车空气动力特性的因素。①列车方面。列车外形（包括头形、车体断面形状、车体底部外形、车体连接部分外形等），列车运行速度，列车长度，列车编组方式等。②隧道方面。隧道截面、长度、缓冲结构、辅助设施等。③大风环境。大风强度，风向等影响。④其他方面。复线间距，列车尾部流场。

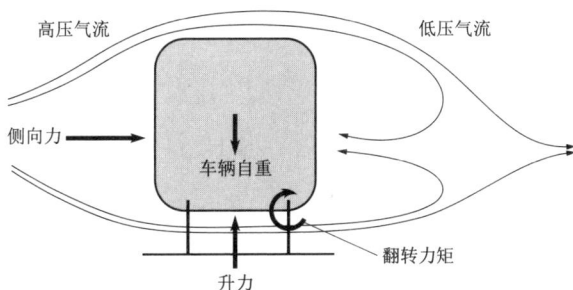

图2　横风环境下列车受力示意图

列车空气动力影响。主要包括行车安全、旅客舒适度、能耗、复线间距确定，人员安全退避距离确定以及列车空气动力对列车车体、隧道、线路、桥梁等结构的动作用等。

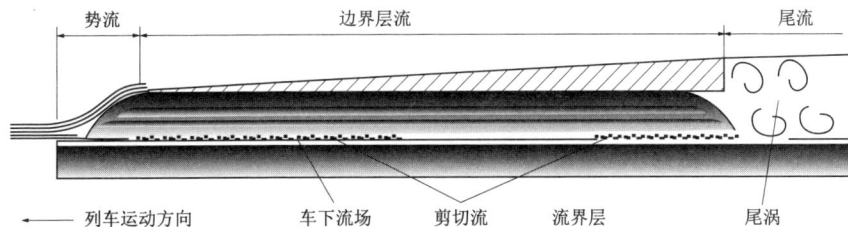

图3　列车行驶受力示意图

动车组维修

动车组维修是指为使动车组持续保持规定功能和状态而对其所进行的维护、保养和修理。

动车组维修主要工作包括状态检查、清洁、润滑、尺寸限度检查、功能检查、性能测试、修理更换和组装调试等。

不同国家铁路或不同铁路公司的维修类别和原则大同小异，动车组维修通常采用故障前的预防性维修与故障后的修复性维修相结合的维修制度，其中预防性维修包括定期维修和状态修。

中国铁路动车组定期维修按照修程范围、周期不同分为一至五级。其中，一、二级维修以维护保养为主，其维修资源要求不高、维修间隔期较短、维修停时不长。主要包括车内设施的清扫保洁，转向架等关键部件的检查维护，制动等重要系统的功能确认等例行维护工作，以及空心车轴探伤、齿轮箱油脂更换等专项检修工作，主要由动车运用所承修，又称运用维修。三、四、五级维修以分解检修为主，维修范围和程度较深，维修资源要求较高，维修间隔期较长。其中，三级维修重点对转向架等关键装置和部件进行分解检修；四级维修主要对转向架、制动等重要系统进行分解检修；五级维修对车体

动车组维修

及各主要设备进行全面分解检修，主要由动车检修段或相关工厂承修，又称高级维修。动车所和动车段是承担动车组维修的主要场所，按照不同修程要求，分别配备与之维修工作相适应的人员、技术、设备、设施等生产资料和要素。

修复性维修主要指故障后的临时修理，通过监测和诊断设备确定动车组的运行状态，识别偶发的故障和性能下降部件，同时进行维修，使动车组恢复到能执行规定功能状态。

针对动车组技术特点和运用维修需求，在传统计划预防性维修基础上引入了一些新的维修理念和方式，包括：基于大数据、故障诊断和健康管理技术的状态修和预测修；基于模块化设计特点，以缩短维修停时、提高维修效率为目标的换件修；以提高动车组利用率为目的，将维修项目化整为零，利用库停时间实施的均衡修等。

本书编著者名单

编著者（按姓氏笔画排列）

马伟斌	马良德	马超锋	王　位
王立德	王华胜	王斌杰	牛　斌
邓小星	石　龙	田爱琴	付兵先
冯永华	冯仲伟	任　民	刘文正
刘汉夫	刘志明	孙　峰	孙帮成
孙洪涛	苏　民	杜旭升	李　宏
李长淮	李伟力	杨中平	杨宜谦
吴礼本	吴命利	吴萌岭	余巧凤
张晓军	张新华	陆逸志	陈　羽
陈　凯	郝荣泰	胡书凯	胡所亭
班新林	高芒芒	郭小雄	陶晓燕
黄建苒	盛震凤	崔洪举	梁习锋
葛　凯	韩国兴	游小杰	蔡超勋
阚凤英	樊运新		